AQUARIUS

AQUARIUS

AQUARIUS

AQUARIUS

Vision

一些人物，
一些視野，
一些觀點，
與一個全新的遠景！

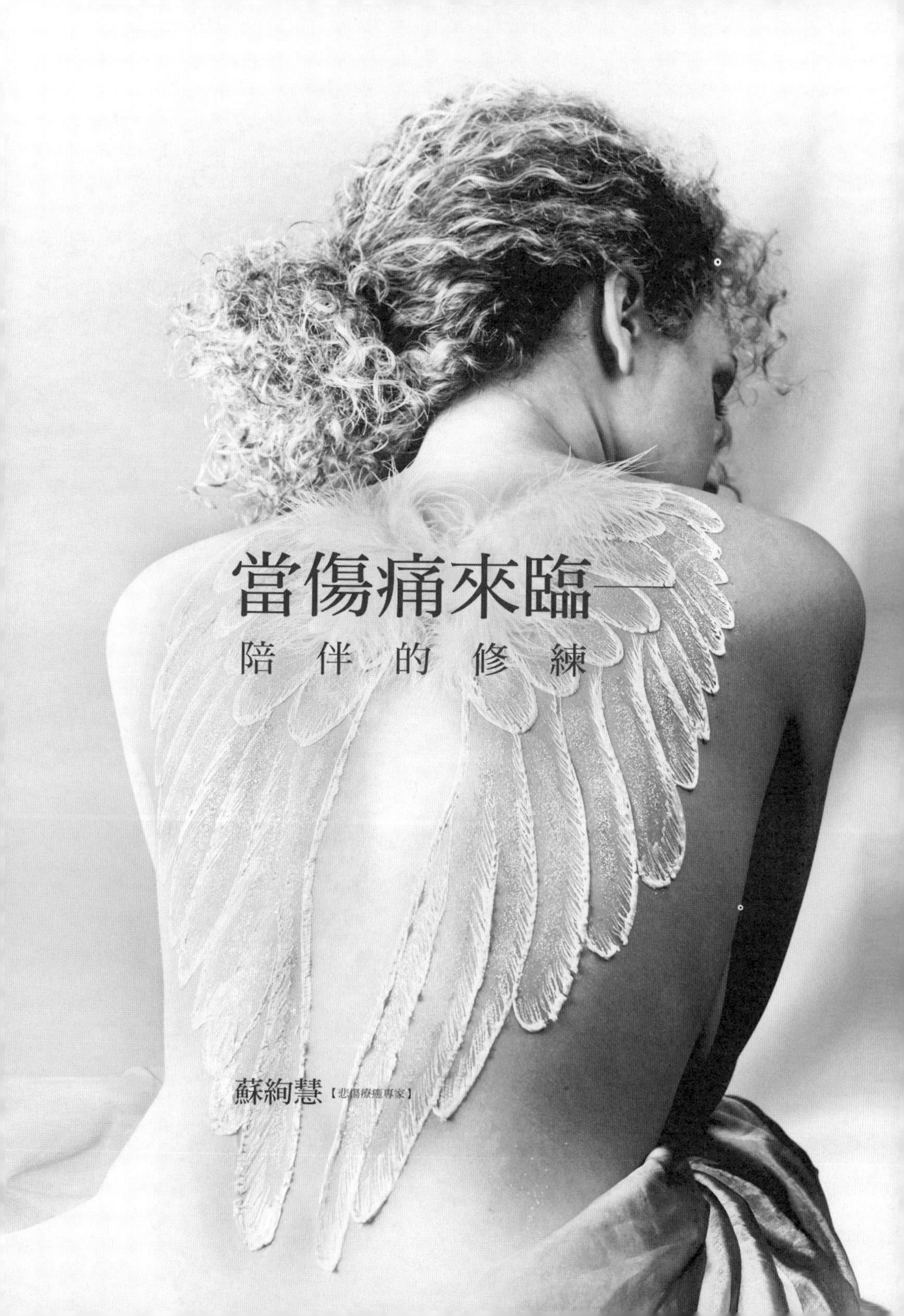

當傷痛來臨——

陪伴的修練

蘇絢慧【悲傷療癒專家】

【推薦序】

並肩同行——陪伴的力量

謝茉莉（國防醫學院通識教育中心副教授）

我帶著讚賞和欣喜的心情為絢慧寫這篇序。我與絢慧亦師亦友，有著深厚但是不黏膩的情誼。隨著生活的歷練，我們的生命廣度和深度不斷的拓展，也越來越能共鳴，越能默默的分享做人和專業心理師的豐富和承擔。這本書，文字一如前面幾本書的體貼和深情，記錄了絢慧對「陪伴」這個角色的反思和觀點，卻又比過去更增添了幾分寬厚和達觀。我在閱讀時，不僅深深感動，也重新省視了自己的專業態度和哲學。即使我已在助人專業工作這個行業超過二十年，仍然覺得書中的許多內容值得我反覆思索、細細品味。

絢慧經歷了許多人生的高峰深谷，卻總能以正向的能量，優雅的將她的歷練變成助人的養分和人性關懷，進而透過深刻的省思和紮實的專業訓練和實務，將她的經驗轉化為溫柔的同理心和實用的技巧。她還能深入淺出將艱澀的心理概念，化為淺顯易懂的文字。在她的書中，可以看到各大諮商理論，例如，精神分析的投射和客體、完形學派的對立兩極、溝通分析的心理遊戲等。即使是沒有專業訓練的一般讀者，都能輕鬆學習和獲益於她的智慧。最可貴的是，她對人性的掙扎了然於胸，又能輕柔呵護。這份對人的尊重、善解和精準就是同理心最好的示範。

不論多麼幸福的人生，都免不了要面對失落，例如，分手、寵物死亡、天災人禍、親人不和、孩子離家、孤獨、寂寞、失望等。看著周遭認識或不認識的人的生老病死離別，我不由得不斷質疑生命痛苦的本質和意義。但是在絢慧的書中我看到了一個面對痛苦很核心的觀點，亦即，對於痛苦，最有效的態度是接納而不是對抗。

因為，抗拒痛苦的本身，往往帶來更多的痛苦。而接納痛苦的有效良方之一，就是被瞭解和包容，心理痛苦是這樣，生理痛苦亦然。也就是說，讓受苦的人覺得他的痛苦被聽到，而且被寬容的接受。如同書中提到「容許軟弱與悲傷」的陪伴，我們都需要被陪伴，有同理心的陪伴。少了這份寬容與接納，就不是真正的陪伴。

陪伴需要接納，人被接納才能安心做自己，才有力量和信心探索和療癒，也才能長出新的力量和自我。

我在醫學院教醫學生「醫病溝通」課程。現在醫學教育逐漸重視以「病人」為中心的醫療模式，所以，同理心成為重要的基礎。我那些年輕的醫學生常常不懂，他們只要把身體的疾病醫好，為什麼要學習傾聽和理解病人的心情？他們很認真，也盡力給病人最好的建議，但是病人不一定買帳，他們也感到很挫折。在經過多次同理心演練和體會之後，學生慢慢明白，原來，被瞭解的感受是多麼鼓舞且激勵人心，被同理的病人往往會比較願意跟醫生合作，進而對醫病關係和病情療癒都有幫助。透過同理和接納，心理和生理的疼痛會緩解，甚至疾病也會因此痊癒。

我的醫學生又問：「那誰來同理我們呢？」

我隨口回答：「你們得要照顧自己，也要互相照顧。」

在本書中，絢慧為這個問題，有了發人深省的闡述。到底身為身心耗竭高危險群的工作人員，誰來幫助他們？大多數助人工作者在各種場合扮演陪伴的角色，這些工作極其耗費心神，但是我們的專業訓練中，很少教導這些奉獻心力的人，如何愛護自己。書中提醒我們，我們是助人的媒介，要好好保養自己，透過界定自我和專業的界限，和體認到自我的限制，可以給自己找到喘息的空間。該休息時，不要忽略自己身心的訊號，才能在專業表現上更愉悅自信，專業壽命也會延長。本書第五課的〈陪伴的迷思〉值得我們在專業訓練課程中討論和反省。

在與學生互動和諮商工作中，我意識到在我們的教育場域中，同理心的氛圍是匱乏的，生活中充斥著標準答案和「應該」，學生們只要呈現出師長要的行為，個別的獨特感受就被忽視，同理心的互動既未被強調，也不熟悉。連在意外案件中喪親的受害者，我們都要催促他們趕快走過傷痛，以免觸怒不相干的大眾。有同理心的環境是學習同理心的必要條件，我們的社會環境還有待努力，這本書的內容正提供了一個很好的學習機會。

我非常喜愛這本書，覺得只要是對生命有興趣的人都該讀，不論是專業的陪伴者、非專業的照顧者、教師、訓練者和學生……，因為我們總會遇到需要陪伴別人或被陪伴的情境。現代人是孤寂的，我們四處搜尋，希望能被聽見，可是總是失望而歸，卻連問題的根源——我想要被瞭解，都無從表達。

坊間很少有書如此細膩的詮釋同理心，並以同理心為基礎，說明陪伴的本質，以及對陪伴者的提醒和常見的陷阱，書後的練習，更提供教學和訓練者很好的題材。絢慧寫出了我多年生活和實務工作的三個體會：其一，出於真誠的同理心是非常有力的諮商和陪伴方式，勝過許多花俏的諮商技巧；其二，不論是專業或是非專業的陪伴者都要記得愛護自己；最後，人和痛苦是分不開的，但是透過同理心的支持，我們可以減緩彼此的痛苦，這是家人友伴的意義。

【自序】

陪伴，找回現代人喪失的關係與關懷

這本書在我心裡醞釀了好幾年，終於開始著手進行，是來自我內心接收到越來越強大的呼喚，讓我必須要寫下這本書。這個呼喚，是我感受到現代人普遍的渴望一直落空——能夠安心的感受到陪伴與理解。

在我和許多人的信任關係裡，我陪伴了許多當事人一同深探心底深處的苦痛與憂傷，在他們紅了的眼眶裡，我讀到了他們靈魂長久的寂寞、孤單，與說不出口的悲傷，和許多化不開的恐懼，那是長久以來，無人聆聽，無人明白，無人回應，以致無法言說所形成的一種沉默。

為了生存下來，我們所付出的代價是讓自己失去靈魂般的行走在這世界上，不再有感覺、不再有盼望、不再有渴望，讓自己以為可以若無其事的一直活下去，不讓別人看出內在的空洞與支離破碎。但生命能量的耗弱，如果你覺知到，你會真實的知道，究竟你快不快樂，生命是不是有充實的滿足與活力。

我過去身為一位社工師，現今身為一位諮商心理師，我都在陪伴的工作中，看見與聽見許多人勇敢、誠實的承認內在的缺乏與空虛——無人陪伴，生命感受不到絲毫關愛，打從心底不相信自己是無條件就值得存在的一個人。在我陪伴他們一次一次接觸內在的過程，我很感動他們願意開始慢慢學習，開始體驗在陪伴關係中滋養自己、溫暖自己與照顧自己。然後，選擇重新擁抱生命，選擇相信愛。

這樣的感動，讓我深信陪伴的價值與意義。

但不只是因為這些陪伴經驗讓我想要寫下這本書。這些年來，有越來越多的人問我該怎麼陪伴一個受苦、失落、憂鬱不快樂的人。我還記得有一位母親，有著一直求職落空的兒子，在某一次求職又沒有回音後，慌亂的請我安慰她的孩子，她說：我不知道怎麼安慰他？我只能叫他加油，叫他該這樣、該那樣，但我不知道該怎麼安慰受傷又難過的他，他不想再聽我跟他說的任何一句話。

而另一個女兒，在看見一直堅強持家保護孩子、從不表露出脆弱與受傷的母親，即使父親長年外遇，也不影響家庭生活，卻在罹患癌症後出現了退縮、封閉與低落的沮喪反應時，深深的感受到自己的無助與無力，她好想叫母親就像過去一樣不要認輸、不要示弱，但這一次，無論說什麼，母親再也無法像過去一樣的堅強與無傷。於是，她急切的問著：我究竟要怎麼幫助我媽媽讓她好起來，像過去一樣？

她們都不是唯一慌亂不知所措的人。當環境越來越多逆境，失業率始終不降，自殺率與憂鬱症盛行率也總呈現高危險數字，天災人禍也越來越頻繁的時代，不如意而遭遇各樣失落挫敗的人將在生活中不斷湧現，可能在每個人周遭，都能看見幾個正在經歷痛苦與創傷的人，包括自己。

這讓我們不得不看見這時代最為貧瘠的地方——人的心靈。

我們的心靈，為了因應越來越艱困的生活環境，已不再能夠對人自然而然給出關愛。若沒有透過一些訓練與課程，我們絲毫不知道該怎麼面對一個心靈受傷受苦的人，我們也可能沒有能力面對心靈受傷的自己。

我們可能用著從小到大被強迫灌輸的方式，不要感覺痛，不要喊痛，不要承認痛的方式，來強加告訴自己與他人「不要無病呻吟」、「不要強說愁」、「少沒用了」，試圖抹滅內心的感受，試著欺騙自己。

我們這樣對待自己，當然也深信不疑這種方式別人也該受用，卻絲毫沒有覺察到人與人之間的距離越來越遠，彼此之間越來越無法交流與談話。除了日常生活的作息，我們的心不想再與人接觸，與人接觸變得很累，只剩下空洞與疲乏的感覺。

我們就像一座座的孤島，活在同一空間，卻完全失去連結。

我甚至會遇到有人不以為然的問我陪伴能做什麼？不能解決現代人的問題，只有陪伴，有什麼用呢？

這是著重成功、效率、快速的社會所要付出的代價，越來越多人無法感受與理解陪伴的價值與意義。只要求有效率的解決問題者，無法覺知到人與人之間不是只存在著問題解決，人與人之間，最為寶貴的其實是關係與情感。

而關係與情感，最根本就是從陪伴開始。就像流行歌曲唱著：「愛情，原來的開始是陪伴……」❶任何關係都是如此，要能形成情感流動的關係，最開始都是從陪伴做起。

但曾幾何時，陪伴成為人最困難與最懷疑的事，好似沒有高深的助人技術與術語，根本不算是上得了檯面的助人歷程。又或者，乾脆把陪伴視為沒有建設性、浪費時間的

❶歌詞出自已故歌手阿桑的〈葉子〉。

活動，是無能之人依賴情感的保護方式。大部分人還是堅信分析與建議，才是幫助人的最有效方法。

我絕對不是要推翻與否定分析與建議的功效，只是，在沒有充分的認識下，無同理的情況下，分析與建議也只是自顧自的說，自以為給了別人教導與幫助。

我們的社會，大多數的人喜歡做教導者，高談闊論自己的見解與直接給予他人評斷與意見，或是以自己的人生經驗，強行灌輸在他人身上，要他人仿效，我們誤以為這是菁英與優越分子的表現，卻不知間接的否定他人的生命體驗，與漠視他人的感受想法。

在這本書裡，我最想傳達的概念是：陪伴，必須能從他人的獨特生命經驗中，「看見」與「聽懂」這一個人的存在姿態，以他為主體，靜靜聆聽與理解生命所經歷過的思想與感覺，以及生命如何活著，並且活到如今的過程。而陪伴者也需要是一個有完整個體的人，在聆聽與理解之下，感受到我和你之間真實的互動過程，體會到「我們」的同在一起，藉著連結與共鳴，創造真實的陪伴。

我心裡有個盼望，希望這本書的存在，可以陪伴人找回與人靠近，與生命貼近的途徑，不再讓心困住，也不再以遠離他人、自我分離的方式，粗暴的對待彼此，傷害自己。

希望我們可以讓陪伴，重拾現代人喪失的許多親近關係，也讓我們的心因此可以真實的感受到關愛的流動與溫暖，一點一滴的從內在體會到生命的滿足與幸福。

目錄

【推薦序】並肩同行——陪伴的力量／謝茉莉 9
【自序】陪伴，找回現代人喪失的關係與關懷 14

第一課 陪伴的意義 25
陪伴的關係，是一種奧妙的同行，能感受到關愛、真誠、理解在兩人之中來回震盪。

第二課 接受人生的受苦本質 35
不以自己有限的視野與人生經驗，去藐視別人的生活經驗與體會；並且承認這世界有苦難、有苦痛、有人所無法承受之重。

第三課 進入真實真誠的關係 47
唯有能分辨出自己與他人不同的人，才能有真正的能力做到同理心，知道如何從他人的生命視野與位置，去體會他人的感受與想法。

「陪伴」是保持靜止，而非急著向前行；是發現沉默的奧妙，而非用言語填滿每一個痛苦的片刻；是用心傾聽，而非用腦分析；是見證他人的掙扎歷程，而非指導他們脫離掙扎；是出席他人的痛苦，而非加強秩序與邏輯；是與另一個人一起進入心靈深處探險，而非肩負走出幽谷的責任。

——愛倫·沃福特（Alan D. Wolfelt）

第一課
陪伴的意義

陪伴的關係，是一種奧妙的同行，能感受到關愛、真誠、理解在兩人之中來回震盪。

英文單字的安慰「console」是一個很有意涵的單字，可以拆解出兩個單字意義：「con」有著一起、連結的意義，「sole」則是單獨、獨一之意，兩者的組合表達出的意涵是，當獨一的人感覺到有另一個人在一起，可以與人有所連結，安慰便發生了。

這份安慰，來自於知道自己不是一個人獨自承受受苦受痛的感覺，也不是被世界所遺棄，沒有人關懷的孤兒。

這也傳達出人與人連結的重要。我們都需要這樣的連結，減少我們的孤單感。再怎麼獨立自主、堅強勇敢的人，都需要來自於另一個人真心的撫慰與關愛。

陪伴的全貌

我們都需要有人陪伴。這是人的基本需要之一，需要來自另一個人的「關照」與「看見」。因著有人為伴同行，讓我們深刻的感受到自己的存在。因著有人同行，我們可以暫時卸下武裝與堅強，允許自己軟弱與依靠。

我們都需要被關愛與陪伴，但問題是，該如何安心「依靠」？

我們成長的過程中，「依靠」的經驗往往不是太好，依靠常讓人感到負擔、依靠往往讓人感受到傷害、依靠常落入無能與無尊嚴的地步，依靠，讓人有種不如靠自己就好的心情。

因為難以依靠，我們已經漸漸忘了「陪伴」究竟是什麼感覺。許多人可能很難理解陪伴人的過程不是為了立即解決問題，陪伴，不是一種「給」，而是一種「接」；陪伴的目的是為了讓人在安心的關係中被接住了，而可以慢慢的接觸自己、理解自己、辨識自己。

我發現，對許多人來說，要能了解陪伴的本質與意涵並不容易，在他人的關注焦點中只有「事」與「是非」，所以花了許多時間評價與判斷事情的對錯，與給出建議，卻無法關注「人」的感受，或是內在想法，與行動背後的許多意義。更不用說到貼近人的心。

因愛互動

曾經在一場助人技巧訓練的場合中，我邀請成員分享他們求助的經驗，透過分享求助經驗，成員較能體會一位求助者的感受與各種的擔憂。

當中，我聽聞其中一位成員分享到曾經打電話求助的經驗，那是他第一次鼓起勇氣撥打助人專線，試著和一個陌生人談論他的困擾。在電話接通後不久，他稍微提及他目前的生活處境與內心的徬徨與矛盾後，對方開始以訓誡及對他的問題了然於心的評斷說：「你就是年輕，抗壓性不夠，生活層面不夠廣，才會為這一點小事困擾。」

他不禁皺起眉頭，感受到不被尊重的不舒服感，也不再想坦誠的述說自己內心的感受與想法。於是，只想掛掉電話的他，為了顧及禮貌，在簡短的嗯、是、對的回應中，希望找到時機結束通話。或許對方也感覺到他不再投入，突然之間略有情緒的說：「你怎麼越來越小聲，究竟有沒有在聽？告訴我你聽到什麼？接下來要怎麼做？我花了那麼多時間和你談，你至少要回應一下讓我知道你有好一點，笑一聲來聽聽。」

當然，真實的互動情況可能無法再重現，我們不能簡化的論定過程中究竟發生了什麼，也難以判斷究竟誰對誰錯造成這樣的互動結果。但至少我們可以從這一段短短歷程了解到，人是無法從短短的十幾分鐘就被充分認識的，若十幾分鐘的互動就期待困擾被解決，人能有所改變，那麼，這種互動過程可說是沒有關係基礎的，只是一種目的的達成。

這種目的的達成，「人」整體的所思所想與所感覺的並不涵容在內，也不被關心，只能說是表面訊息的傳遞與交換，甚至可能只是單向而沒有交流的給予。沒有生命與生命的接觸，也沒有心的交會，如此是無法發生同理心，也無法發展出有共鳴與深度了解的關係。

陪伴，並不容易

一個人的誕生，具有先天生物基因所具備的基礎，那些氣質與性情，也有後天長時間的環境塑造與教育影響，之所以發展成什麼樣的一個人，其複雜度很高。即便一個母親，生下了她的孩子，朝夕相處，要真能懂她的孩子的性格特質、行為意義、喜惡偏好，一樣需要花時間、花心思的觀察、接觸與了解。更何況要陪伴任何一個在我們生活世界外的他人，限制更大，沒有長久的時間與心思來認識及了解，真的要能看懂與聽懂一個人內在心理各個層次的需求、渴望與用意，實屬不易的事。

也許就是因為很不容易，而人們又越來越沒有時間與缺乏耐性好好認識與了解一個人，於是，各種簡化人內在心理的言論紛紛出籠，再將人的行為簡易劃分為幾類、幾個標準，然後輕易的分別與判斷一個人是這樣那樣。或是一味的強調高道德與高理想的言論，要求人應該奮力擺脫軟弱與負向的形象與感受。

這是最快讓人抓取訊息與處理訊息的做法。現代人每一天的資訊量是古代人的好幾萬倍，若沒有快速又精準的獵取各種知識或訊息的方法，人可能會被嚇人的資訊量淹沒。

過去，人以一輩子真實生活來體驗一種真實人生，而現代，人以資訊來想像與推敲各種生活樣貌。這使我們誤以為只要簡單掌握大標題或結論就足夠，卻對於內涵、過程與細節一無所知。

陪伴，也發生了相似的情況。很多人會說「我陪了他很久」或「我有陪陪家人，試著安慰他」，但可能對陪伴的內涵與如何實踐一無所知，或者，時間確實花了不少，也做了不少事，卻無法共同體會到陪伴的意義，反而形成彼此的心理壓力與重擔。

學會用心靈接觸

許多親子間對陪伴的感受也有極大的落差。有些父母告訴我，在孩子發生挫折後，他們都盡力的在陪孩子、安慰孩子，也希望孩子可以好起來。但當我了解孩子是否接收到父母親的關懷與陪伴時，他們卻搖搖頭說，都是責備與嘮叨，不然就是勸誡與讓他們產生恐懼感、罪惡感與羞愧感的言論。（例如反覆勸告孩子：這種事情都面對不了，是懦弱、是無能，以後怎麼辦？你的人生難道就要停在這裡？）

在那些例子，我看見父母的立場，認為他正給予孩子人生的重要價值觀，及傳遞現實生活經驗的體會。父母當然希望孩子的人生能免於受傷，免於出錯，也希望自己可以教育出好的小孩。但害怕孩子從此就停頓，沒有生存競爭力的恐懼，讓他們內心急切的想要立即解決掉孩子的困境與問題，好讓孩子可以跟上主流價值的生活軌道。

一旦心急，一旦有所恐懼，一旦有強烈的價值觀，與理所當然的定見，那就無法讓心清靜，聆聽另一個人的真實聲音與感受，更不用說能去理解與明白。

陪伴，是一種純淨的心靈接觸，是一種感受對方氣息與情感起伏的共同存在，是需要一份寧靜與沉著，不急著帶對方離開他原有的位置，而是與對方一起感受與觀看他的位置所看出去的景致。陪伴，是一種以對方為主體，自己是淨空狀態的承接與回應。如果是相互陪伴，便需要有互為主體的過程，接受另一方的回應與關注。

很多人以為什麼都不做就是陪伴，或是以為當什麼都無法做的時候，就只能陪伴。陪伴的關係，是一種奧妙的同行，能感受到關愛、真誠、理解在兩人之中來回震盪。你不須掩飾自己，我亦不須急迫承擔；你不須試探或防備我，我亦不須費力費心突破你。我清楚知道，你是你，我是我，你無法成為我，我也無法成為你，你有你的人生風景，我也有我的人生風景，我們此刻交會，凝視著彼此的風景，交流著彼此的經驗。因為這片刻的交流，我們的生命因此都有那麼一點兒不同了。

陪伴的能力是一種無形的內功，關乎到你對「人」的了解，關乎你對行為背後意涵的洞察，關乎你對現象的覺察，也關乎你的人我界限是否拿捏得恰當，更關乎你對生命的態度是否尊重、維護與肯定。陪伴者是透過自己生命累積的豐厚度在承接生命的重，因為豐厚，所以可以接納生命的狀態與變化，知道生命凡事都有一定的時辰運行，不催逼，不延宕，也不阻擋。

第二課
接受人生的受苦本質

不以自己有限的視野與人生經驗，去藐視別人的生活經驗與體會；並且承認這世界有苦難、有苦痛、有人所無法承受之重。

《聖經・約翰福音》第十六章三十三節，記載耶穌說的一段關於苦難的話：「我將這些事告訴你們，是要叫你們在我裡面有平安。在世上你們有苦難，但你們可以放心，我已經勝了世界。」

這是耶穌帶給人心靈平安的信息，在信仰中，神的愛使人超越了這世界的苦難。這是一份應許，我們可以依靠祂而超越這苦難的世界。

有一天，傷痛來臨了

超越的過程，是人的人性掙扎與靈性考驗。因為受苦中的人，要能將苦痛轉化為平安、寧靜，必須要歷經一段混沌不明、百般受苦、軟弱無助的日子，從中摸索與頓悟人生的實相與真諦是什麼，你無法再以過去這世界告訴你的一種價值觀或某種信念活下去了，過去這世界告訴過你如何認識這世界的道理，都不再有道理，你感覺到前所未有的混亂、失落與失控。你因此有了真實身體上的疼痛，你軟弱無力，寸步難行，頭昏胸悶，甚至不知為何的神經抽痛。不僅如此，你有了心理與精神上的苦痛，你鬱氣難熬，茫然無助，六神無主，或是麻木空洞。你像是失去了全世界一般，感覺到這世界異常的陌生與令你疑惑，有著一種被這世界拋出的被遺棄感，與一種不真實感存活著。

有時候，受苦不需要天大的災難與理由，有時候，受苦可能只是一份生命存在狀態無法迴避的孤獨與絕望。但無論是駭人的災難，令人驚慌的不治之症，讓人糾結的情感傷害，或是一種鬱鬱寡歡，不知道自己活著價值為何的困頓，人都會經歷到被黑暗籠罩的恐懼，與自己渺小與脆弱的不安。

面對痛苦感受時真實的我，有如置身在黑沼中，不斷的被拉扯而下。這種感覺著實令人驚慌、無助、憤怒或沮喪。沒有人喜歡在黑暗中墜落的感覺，失控與失能會摧毀人好不容易建立的穩定與安全感。

當你陷入悲傷的低潮

我在許多次悲傷輔導訓練工作坊的場合問與會者，一提起悲傷，會讓你擔憂什麼？

帶給你什麼感受？

許多人都回答，那種一直跌落、深不見底、又抓不到任何支撐物的感覺，或是那種深陷其中、動彈不得、與這世界隔絕，再也無法走出去，遇不見任何一個人的感覺。

當然以定義與內涵來說，大家所說的那些可怕感受並不是「悲傷」的狀態，而是較傾向於「憂鬱」狀態，但因為我們社會對情緒的陌生，與對悲傷的迴避，普遍會將悲傷與憂鬱混為一談，也就不難理解，大家一談及悲傷時，很快的連結自己憂鬱時所經歷到的恐懼與無助。於是，會對悲傷者落入無能為力，不知如何應對的反應。

概略的說，「悲傷」是失落後為了適應失落的健康反應，「悲傷」提醒我們失去所愛，也提醒我們需要適應所愛的消逝，更讓我們可以學習懷抱思念，以愛重整生命，獲得更有意義的人生。但「憂鬱」則不然，憂鬱有許多攻擊自己的聲音，像是否定自己的價值，覺得自己一無是處，覺得自己空虛而貧乏，因此「憂鬱」有些時候是發生在無法適應悲傷，無法接受失落，所造成的「傷害性」結果。

若是悲傷關懷工作發揮及時且有幫助的陪伴，許多人的悲傷就不須走進「憂鬱」了，他可以在悲傷的流動中，漸漸的摸索一份承接悲傷的姿態，學習與悲傷共存共處。

而當人無法悲傷，或是無法完整經歷悲傷的歷程，無法使悲傷有進程的狀態，便會讓悲傷走向憂鬱。因此，在憂鬱中，必然包含未處理、未完成的悲傷；但健康的悲傷反應，並不必然包含憂鬱。

過去經驗的影響

再說回來，在我們成長的歷程中，因為失落與傷痛不受關懷，也常被忽略、指責與攻擊，甚至因此被羞辱「沒用」、「太軟弱」、「丟臉」，使得許多人寧可選擇獨自承受悲傷與脆弱時刻，抑止需要被陪伴與理解的需求，無怪乎許多人的生活經驗，多少都經歷過一個人無能為力、痛苦不快樂又不得解脫的憂鬱經驗。

例如：孩童時期，我們可能經歷到手足之間的差別待遇，覺得另一個手足比自己得到更多關愛，而有所擔憂、失落、不平、傷心；這時候，我們需要有大人給予理解、安撫、澄清與說明，但是當我們未被好好聆聽前，我們可能就承受一連串的指責、批評與訓誡。「怎麼這麼愛計較？」「你是姊姊（哥哥），要愛護弟弟妹妹，怎麼可以有這樣的想法！」或是「這有什麼，小心眼！」更多時候，許多人經歷到的是一連串的漠視、忽略與不回應。

於是，你要「一個人」面對這一切，你得要在身心都還不夠穩健時，在無人陪伴與支持下，開始獨自學習怎麼因應、怎麼消化、怎麼承受。很多人都在這樣孤單與無助的情境下，用極度殘忍與壓迫的方式，壓制自己的感受，苛責自己真的小心眼，懊惱著自己因為坦露自己的需要與感受，而被人恥笑與責備的不堪與羞愧。

久而久之，為了避免陷入羞愧與難堪的經驗裡，最好的方式就是「跳過痛苦情緒」，以批判或理智保持距離，或是切割掉感受，不要讓自己有機會掉入情緒的黑暗泥沼。

你可能會想，這有什麼不好，這樣比較不麻煩，也比較不會再受傷、再失望。而我也認為，心智的認知與思考能力仍在人生中具有重要的功能，認知思考能力幫助我們理解，開拓既定思維，開展學習歷程。但凡事都訴諸道理，與許多的教條與理智，將使得人的情感失去連結，個體與個體之間變得只剩權力關係（誰有權力掌控誰、壓制誰）、角色與責任，卻體會不到關係的美好與靠近。而最大的影響是，面對一個走在痛苦泥沼中的人，我們給出的將是一堆判斷、一堆自認為的道理、一堆殘酷無情的分析，卻絲毫無法體會一個人在受苦受傷的情境中，歷經著什麼樣的感受與經驗。也就難以理解與明白那些難，難在哪裡，那些苦，何以是苦。

因為總是跳著走人生經歷，而不是如實的走在當中，對於人生的體會只剩認知意識層面的運作，卻覺察不到、捕捉不到情感的流動，也就少了深刻懂自己、懂他人經驗的歷程。

而當一個人「不願意」停留在痛苦中，細細的體會痛苦的經驗，自然也摸索不出在痛苦中如何走出一條路來。於是，輕鬆以對他人的痛苦，輕蔑的評論他人的痛苦，這樣的例子，在社會中屢見不鮮。

停止淡化痛苦

記得非常多年以前，曾發生轟動社會的擄人勒索案件，被綁架的孩子遭到撕票，孩子的母親悲慟不已，那幾日的新聞幾乎不斷的播放後續的案情，以及家屬的痛苦與流不盡的眼淚畫面。那一年，我的年紀尚輕，剛成年不久，我雖然沒有任何實務上的助人經驗，也沒經歷過這般殘忍、痛失親人的創傷經驗，但我可以感受到內心一種深切的痛，與一種強大的恐懼。也許，那樣的痛苦太震驚，太震撼我們社會中每一個人的神經，每一個人都必須回應何以這樣殘忍無情的事，會發生在我們所居住的社會中，如果，這樣的橫禍會發生在社會，是否意謂著社會中的任何一個人都可能會遭遇！於是，許多人必須透過認知給自己一番解釋，來分別開是「那一個」受害家庭才會發生，這樣的事是不會發生在「一般」家庭的。分出「那是他的經歷」，不會「是我的經歷」，如此，才能減輕自己的焦慮，與安撫被破壞的安全感。

我那時正在就讀社工系，親耳聽見校園的學生說出，那家人太有錢、太愛炫耀，才會讓孩子遭來這樣的橫禍。我記得當下我感到萬分震驚，體會到人的冷漠與殘忍。這種「怪罪受害者」傾向，在我們社會經常發生，我們假設壞事與不好的事會發生，一定是當事人招惹來的，而那些壞事最大的肇事者是當事人自己，因此最要被矯正與懲罰的是那些受害者。

這是一種封閉社會與權威社會造成的影響。近幾年，已有越來越多中東國家的司法與社會殘忍對待他們國家女性的事件被披露出來，像是事實上被性侵強暴，或是被原生家庭販賣並遭丈夫暴力對待，卻被判定為這些女性行為不檢點，或是不守婦道，或以與其他人發生性行為而慘遭他們的司法懲罰削鼻，或是當眾被石頭丟擲而死。

社會以強硬態度怪罪當事人，並強勢的判斷受害者必有「可惡之處」，來去除我們對傷害的恐懼，也淡化我們對痛苦的無能為力。

淡化痛苦、漠視痛苦的存在，將使我們社會對於走在痛苦經歷的人，越來越難接近，也越來越否認其痛苦的真實性。久而久之，以不理解的態度自認為是為別人好，而對遭遇患難，歷經受苦的當事人說些不帶情感的話。社會中因為不理解、淡化痛苦所造成的二度心靈傷害，常讓我覺得嘆為觀止，不可思議，也體會到對許多人而言，同理心的陪伴是困難的，像是這樣的話語：

「你都有了保險金，有錢了，還難過什麼？」一位媽媽這樣安慰失去丈夫的女兒。

「太太沒了，再找一個不就好了！」一位哥哥這樣安慰失去妻子的弟弟。

「誰不難過？但難過能當飯吃嗎？難過，爸爸就會回來嗎？」一位兒子這樣安慰失去丈夫的媽媽。

「小孩沒了，代表沒人來向你們討債。」一位友人這樣安慰失去孩子的父母親。

有些人會認為自己是出於好意與關心才講這些安慰話，絲毫無法覺察這些話哪裡不妥。正因如此，許多人仗著自己是出於好意而大放厥詞，不顧慮傷痛者的感受與心情，好似他是出於好意與關心，別人就沒有理由不高興與不接受。

但是，沒有人有權力拿著自己的好意與關心，去侵犯另一個人的生命，甚至糟蹋另一個人的尊嚴、漠視另一個人的感受。

「我是為你好」的遊戲在社會上玩得熱烈。曾幾何時，我們剝奪每一個人的自主權，不認為人有能力與權力，去決定關乎他生命的事。我們不相信別人有能力，也以為自己站在「旁觀」的角度，看得最清楚與最了解怎麼做最好，卻不知，每一個人都是帶著自己過往的經驗，與自己的價值體系在解讀與詮釋我們所遇到的事物，沒有一個人是抱持著「全然的客觀」在看待事情與處理事情。即使是助人者亦是，助人者也是帶有過去自身助人經驗、受過的專業特性，及獨特價值體系的養成過程，來判別或詮釋他人問題的所在與需要。

重新調整自己

他人提供的其實是一種經驗、一種處理方法、一種觀點、一種資源，但這些都不能取代當事人自己的看法、感受與決定權。當然也沒有人有權威性來對另一個人的苦痛加以決斷評論。

常常，當人們在協助或安慰別人時，態度強硬，語氣堅決的說：「我是為你好，才這樣說、才這樣做。你要是聽我的，就不會這麼慘痛。」但奇妙的是，承受的人感受到的不是關懷與安慰，反而感受到壓力，好似當初沒這樣做、沒這樣辦，才會遭遇厄運結果，而對人生更心生沮喪與恐懼。

當我們說要關懷或陪伴一個人時，我們的心態卻是強硬與理所當然的要求另一個人該有什麼樣的反應，這樣的關懷與陪伴是虛妄，是以關懷與陪伴之名，行操控之實。

若是我們真要讓陪伴發生在兩人之間，那麼首先，需要調整自己去承認這世界超過自己可以理解的範圍很多，不以自己有限的視野與人生經驗，去藐視別人的生活經驗與體會；並且承認這世界有苦難、有苦痛、有人所無法承受之重；然後，允許自己可以緩緩接近，緩緩觸摸這些痛苦。不再以跳過或逃開的方式，也不再以批判與漠視的方式，正面的接受人生有真實的苦痛與傷害存在。

第三課
進入真實真誠的關係

唯有能分辨出自己與他人不同的人，才能有真正的能力做到同理心，知道如何從他人的生命視野與位置，去體會他人的感受與想法。

陪伴，是否如實發生，最大的關鍵在於關係是否建立了；尤其是必須建立在真實、安全、信任與真誠的關係基礎下，陪伴才能發生。

然而，進入任何一段關係都是一份冒險。害怕多付出了，換來一場空，惹來一身傷。所以總是要小心翼翼的思量著究竟付出與投入值不值得，有沒有必要。

建立任何一段關係都是一種挑戰。在關係中的兩個人都有自己的感受、想法、價值觀與需求，誰滿足誰？誰順從誰？誰掌握誰？每一個選擇與回應都將牽動關係中複雜的拉扯與推動。

建立關係也是冒險

回溯我們自小在家庭的經驗，並不是合作，反倒是常常的比較，特別是和手足之間、同年齡的孩子之間的比較。誰聰明過誰，誰優秀過誰，誰重要誰不重要。我們在比較的環境中，常感覺到關係的不舒服與衝突，還有矛盾與曖昧。我們掩藏起自己的真實模樣與聲音，學會在關係中偽裝自己，不論是裝成沒事，或是故作堅強，或是裝得不在乎。我們學會以高難度的技巧與手腕維繫與人的關係，卻在暗地裡，恨透了這樣的關係。

當然，在關係裡因為有競爭，便有權力的議題。誰有權力「要求」與「指揮」另一個人的聽命與順從，誰是「老大」（不是指排行的老大，而是握有權力的老大）。當一個人握有經濟權力、資源權力、名聲權力，甚至拳頭權力時，往往他在家中也被賦予更大的權力（有人說，從誰掌握電視遙控器就可以看出在家中誰最有權力）。而另一個失權的人，該怎麼在那空間自處呢？美其名叫「家人」、「親人」、「愛人」，卻可能根本被當成「下人」，這樣的感覺如何承受，又如何釋懷呢？

這些複雜的家庭關係、人際動力，讓我們心中累積了不少糟糕感覺，這些複雜感受缺乏抒發管道與對話機會的情況下，日積月累，開始形成我們對於人我之間關係的看法與感受。我們可能開始變得不再與人核對訊息，而是自顧自的判斷與解讀他人，或是很快的落入自我苛責與攻擊對立的人際模式。畢竟，當我們還是小孩的時候，認知理解力有限，視野也不夠大，只能以一個孩子的高度與視線，去推敲與解釋生活中所發生的各樣情事。

「如果我不乖，沒有讓大人開心，我就會遭殃。」
「我如果沒有被喜歡，代表我不夠好。」
「別人如果生氣，一定是我造成的，我應該趕快想辦法。」
「都是因為我不重要，才會被丟下。」
「不管我做什麼都沒用，你們都不會滿意。」
「我已經這麼努力了，為什麼我還是等不到愛與肯定？」
「每一個人都欺負我，我一定不能認輸。」

這些種種解釋情勢的說法，都不是單一事件造成的，而是成長過程以來，反覆在自身的生活遭遇中體驗到的。人，必須要在他所遭遇的處境中賦予一些意義，才能知道往後的他該如何生存、該如何運作。

但是，當這些解釋一旦被建立起來，成為穩固、難以改變的認知信念時，能接受調整的機會也就相對降低。這也就是說，即使許多人透過自學或是教育，知道了一些「新的知識或道理」，但新的知識不必然能進入個體的信念架構，產生撼動與融入。所以我們常會聽到人們說：「我知道要這樣做，但我做不到。」（例如：我知道要好好的表達感受，但情緒一來，我就直接的回嗆了。）關於那些「我知道，但我做不到」的現象，背後所影響的正是無形的信念架構，與一套解釋事物的方法。

例如：一位母親，她知道對於已經成年的孩子要放手，讓其獨立，有自主能力，但注意力焦點卻無法從孩子身上移開，在知道卻做不到的因素裡，信念與深層的感受經驗是需要被好好了解的。也許在這位母親幼年的生活裡，她自己的母親因為總是關注其他事、其他人，而常忽略她的需要，在她的感受中，她是無助、孤單，與渴望有人陪伴或幫忙的。於是，她建構了親子關係「應該」要無微不至，若是她做了母親，她要做一個以孩子為主的母親，不讓孩子感受到一絲忽略與無助。

她想要彌補的是過去曾經感到過孤單與無助的自己，現在她的孩子變成了她實現美好親子關係的對象，卻因此忽略了她的孩子不必然需要這樣的距離與方式來照顧或對待，畢竟，她的孩子也是一個獨立獨特的個體，有著完全不同的人生境遇與不同的性格特質。

洞察人際的幻象

類似這樣的例子隨處可見，以過去自我所經歷的人生體驗所形成的信念來影響或發展後來的人我關係。這無可避免，卻需要我們保持覺察與警醒。之所以需要保持覺察與警醒，是為了避免陷入人我關係的幻象中，以自己的解讀與潛意識的驅動，來干擾人我關係的建立與互動，而失去了真實與真誠。

我所指的人際「幻象」是指未經過核對、未經過澄清，或是沒有太多互動經驗就產生的人際互動感受，與人際關係解釋。這些現象在媒體與網路世界經常發生，人與人在沒有認識的基礎與厚度下（沒有真實的見過面，互動過），就將自己所認定、所解讀的對方拋出，而進行許多的解釋與論斷，加以反應與反射。在真實生活世界，這些幻象更常在一般的人際情境中出現。

「幻象」往往來自於兩種心理現象：一是「移情」、一是「投射」。

先來說明「移情」。移情現象是精神分析始祖——佛洛伊德第一個發現的。移情的發生非常複雜，簡易的說，移情反映著一個人壓抑的童年願望與體驗，或是仇恨與攻擊性等複雜的情感，在成年後移置到另一段關係中。

舉個例說明，一個人小時候因為父親長年缺席，父愛的獲得十分貧乏，缺少父親的肯定與滋養，但為了生存與成長，他壓抑對父愛的失落與渴求，卻在成年後，遇到成年男子，或是年紀長很多、帶有權威與照顧特質的男性時，就將自己需要肯定，渴望關愛的情感移置於此對象身上，而開始一連串複雜的互動歷程。

在這種時候，對方被放置於「父親」或「照顧來源」的位置，而開始不斷拋出許多對這角色或這形象者的期待與需求。但畢竟此對象並非是真的父親，也無法完全的成為一位父親來給出父愛，因此，移情的人必然會再反覆的感受到失落與失望，受傷與受挫。

另一種例子是，幼年時經歷到強烈手足競爭，在家庭中必須爭奪資源的情況下，往往有所失落與不平。如果父親或母親一方就是造成不公平的決定者（像是重男輕女、重長輕幼或相反），即使不斷的反應與抗爭，仍是無法改變不公平或必須犧牲的情勢，那麼，此衝突與壓抑下來的憤怒或是仇恨，便會積壓在個體內在，在往後的人生過程裡，只要遇到有裁定權力的人（通常是權威人士），便會將自己幼年期待的公平，與得不到公平的衝突情緒，移置於此人身上，希望能從此關係中，獲得公平與看重。

這兩個例子只是稍微說明移情現象，事實上，移情現象千變萬化，各種複雜的心理狀態與渴望，會在關係中呈現不同的移情歷程與需求。而尋求愛（愛需求的移置），常是出現移情現象的重大主題。

接下來，說明「投射」心理現象。投射現象是將自己所具有的感覺、想法，或是特質，外擲於其他人身上，指稱是他人的。而通常需要外投外拋的感覺、想法與特質，往往是自己壓抑住，不能接受的次人格特質，或是被自己所排斥的感覺、想法。

例如：一個女孩被某男性的魅力吸引，但女孩對於女性被男性所吸引，有著羞恥感與衝突感受，於是她外擲這些感受，認為是這男性故意勾引她，對她散發許多曖昧訊息。

或是，對於自己感到厭惡，自認為沒有價值，乏善可陳，但又不想接受與承認自己的空乏與無價值，於是，投射出這些感覺想法，認定別人一定會討厭他，不喜歡他，覺得他很乏味無聊，一點也不重要。

這些「投射」例子，就是把原本在自己內心世界所具有的想法感受，投射到他人身上，沒有經過了解與澄清，就認定他人的感覺想法或狀態。換言之，若不是自己有相關材料，也不會這樣解讀與認定。

不論是移情或是投射，都是離開真實的人我關係，沒有在真實的人我關係互動。如果不是真實的互動，就不會有真實認識彼此的過程，反而是各自停留在對於對方的想像與解讀。

在陪伴或關懷中，最常見的投射，是對痛苦的感受與看法的投射。例如：我認為發生這件事好可憐好痛苦，根本無法接受與面對，在沒有任何的澄清與核對下，就認定他人也是一樣的痛苦與難受，不想面對，而不願意正面對話或溝通。

再探痛苦的情緒

二〇一〇年末，發生一件令人震撼的社會案件，丈夫以安樂死之名，用榔頭將釘子釘進罹患慢性疾病妻子的頭蓋骨，以此結束妻子的生命。而先生的陳述反覆地述說妻子是痛苦的，並說妻子能死在丈夫之前是好的。但在諸多親友的訊息中卻呈現這位妻子並不同意接受安樂死，因為妻子有信仰，認為生命的主宰是神。

在這個落差中，便能看見最為感受痛苦的人其實是丈夫，但他不承認，也沒設法紓解自己的痛苦，而是將痛苦「投射」於妻子身上，認定妻子痛苦的想結束自己的生命，他是代替妻子解決痛苦的人。

無法承認自己的痛苦，無法面對自己的不安與手足無措，便會將這些感受與情緒，投射於令他感受到痛苦的人身上，而極力想解決他人身上那些自己所投射的痛苦。

我在諮商工作中常遇見的例子，是關於失落與喪親者的投射反應。因為自己對失落與悲傷迴避，害怕面對痛苦的悲傷情緒，於是指稱家中最弱勢或最有悲傷表現的人很不對、很不好，一直悲傷下去會出問題，希望這個人趕快解決掉悲傷、終結悲傷。而其實，最不能面對與接受悲傷的，正是他自己。

在真實情況中，對方的悲傷有其脈絡，有其緣由，也有其意義。在未了解、未詳加對話的情況下，就解讀與評價悲傷的反應是不對或不好，這些解讀與評價便是一種投射。

有時候，當我們排斥或拒絕他人的某一種表現或行為時，也是來自於我們的投射；意即在他人身上，看見我所排斥與不喜歡的自己，然後，加以撻伐。例如，如果我們從小被教養、被訓誡人不可以自私，不可以只顧自己，要為別人著想，多體諒別人，慢慢的，將這些教條規勸內化為自己思維信念的一部分，也慢慢的壓抑自己自私自利的一面，竭盡所能將自己有所計算與計較的面貌區隔。並非自己真的沒有這一面（事實上是每個人都有這個面向），而是從意識上驅逐了自己也有自私自利的面貌，以強大意志否認自己的需求與內在不平衡的感受。然而，當眼前出現一個表現出只顧自己，不在乎他人，只問自己利益的人時，便會對這個人有諸多負面評價與排斥，甚至有強烈厭惡反應。

這負面評價與排斥，表面上來看是一種價值觀的差異與評價，但更深層的心理層面，則是對自己所不允許、所壓抑的人格面貌拒絕與排斥的投射反應。

由此可以看出，兩人之間的關係互動有太多各自投射或移情的部分，以自己的想像與詮釋來解讀與判斷對方的行為、想法與感受。如果沒有加以認識自己、探索自己，我們就無法真實的分辨，究竟自己是以過去的經驗與習性來看待對方，還是以全新、全無的眼光來認識對方與接觸對方。

創造真實的陪伴關係

當然，以社交情境來說，我們無法一一核對訊息，也無法一一和人澄清他的動機歷程與內在需求。但對陪伴關係來說，真實的關係與真實的接觸卻是非常重要，如果兩人互動是帶著許多關於對方的想像與猜測，而自顧自的加以解讀與反應，那麼兩人也只是在關係中各自演出內心的劇碼，將對方放置於自己所認定的位置與角色，偏離了對方真實的狀態與感受想法。

若是失去了真實性，那麼即使我在你面前，你在我面前，卻無法放心、安心的體會彼此的靠近，那麼這樣的陪伴，只是虛有其表。若失去了真實性，兩人之間必定無法真誠的表達自己，也無法真誠的回應對方。那麼，真實的陪伴也不存在了。

若要有真實的互動關係，對自己真誠與真實也是重要的。若一個人必須不斷的忽略或掩藏自己的感受與想法，甚至內外呈現出強烈的不一致，他便無法真誠與真實的面對自己，也無法真誠與真實的表達出自己。在繁瑣與複雜的防衛機制運作下，若常常將真實的自己隔離或割捨，長期下來，將不懂自己的感受，看不見自己的存在，漠視自己的需求，那麼，他無法真實的懂人性中那些黑暗或所謂負向的力量，是如何展現與運作的，更無法洞察外顯行為背後的真實意涵。

換言之，願意對自己誠實的人，願意接觸自己的真實，也較能在接觸的歷程中，好好的將自己認識清楚，看清楚自己的起心動念，與那深層不為他人所知的各種情感與慾望。在深切的了解自己的心性與生命歷史後，便能掌握住自己，不致在人際關係中混淆彼此，分辨不出什麼是自己的情緒感受與想法，什麼是對方的情緒感受與想法。唯有能分辨出自己與他人不同的人，才能有真正的能力做到同理心，知道如何從他人的生命視野與位置，去體會他人的感受與想法，而不是將自己的感受與想法移置成對方的。

對自己誠實，好好認識與探索自己，是發展真實關係的先備條件，減少對他人的猜測與自認為的解釋，學習澄清與核對互動訊息與關係狀態，才能讓兩人都存在於關係中，擁有相等的權力與合理的位置。

第四課
陪伴的耗竭與界限

陪伴，是一種承接住對方狀態的過程，讓對方感受到自己並非獨自一人，而是有人安穩、沉靜的陪在身旁。

陪伴，是一種情緒共振的狀態，若你投入心力專注的陪伴一個人，你是不可能不消耗情緒能量的。

陪伴，絕對不是無所事事的待在另一人身旁。陪伴，是一種承接住對方狀態的過程，讓對方感受到自己並非獨自一人，而是有人安穩、沉靜的陪在身旁。

但我們終究是人，是血肉之軀，不是機器，無法一直關注別人，無法一直保持不變的情緒能量投入在關係中。

承認生命的有限

有些人告訴我，他們剛開始學習陪伴時，無法通透陪伴的意涵，以為陪伴就是一直接收對方的情緒，一直不回應的聆聽對方說話。到後來，聆聽者覺得好沮喪、好無力，好似只是一直聽對方抱怨，說一些負面感受的話，除了聽之外，不知道還能怎麼做？

我們必須接受一個事實，沒有人可以做到一直聽，尤其是聽那些具有情緒重量的話語，那樣的聽，會造成一種沉重的負荷，感覺自己被動的被放在一個什麼都不能做、無法做的位置上，不斷消耗原有的好能量，直到精疲力盡。

而陪伴並非是一直濫用與虐待人的狀態，雖然消耗會發生，但消耗、虐待、濫用是不同的。消耗，就像是要點燃火爐，會需要煤油，煤油是能源，為了維持火爐的運作，煤油的供應就是必需的。因此煤油的使用狀態必須被注意，若是已經消耗盡煤油燃料，卻還是不斷的想要操作火爐，並且不顧是否造成火爐的損害，以其他的壓力驅使火爐的運作，那麼，結果不只火爐還是停擺，也會因為操作失當，而可能造成無法修復的危害。

因此，為了避免耗竭過度而造成不可彌補的傷害（無論是對陪伴者或被陪伴者而言），界限的確立與維持，便需要關注。

界限，是平衡的關鍵

界限，簡單的說，就是維護一個人身心舒適的範圍。在個體與外界互動之間，人必須拿捏出一個私領域、私人範圍是單屬於自己的，不受別人干擾，不受別人侵犯，不受別人任意破壞。這個隱私的部分，可能是自己的內心感受與思維，也可能是與人之間的距離，身心所需要的空間。每一個人都需要被維護自主權，來決定自己所需要的舒適空間與人我距離。

這些適當的空間與距離，能使自己感覺平衡。一旦平衡被破壞，個體會感受到壓迫、抑制與威脅，個體便會開始不安、恐懼、焦躁或憤怒。這時，可說他的安全舒適範圍被侵壞、干擾或危害了，也就是界限被攻擊，被不尊重的侵犯。有些人被侵犯，但沒力量捍衛，反而是不斷的萎縮自己的舒適範圍，告訴自己再讓一點兒，再多給一點兒，直到對方不再威脅或傷害我為止。但是，往往事情卻不是這樣發展，反而因為不斷的退讓，與不斷的委屈，忽略自己的舒適感，在無法保全自己的界限情況下，自我領土盡失。最讓人喪氣的是，即使領土盡失，也沒獲得任何人的肯定與心中想要獲得的讚賞或平衡。

無法建立穩定的界限，便會不斷的隨著外界的變化而變化。當人無法清楚的知道自己的舒適範圍為何，無法分辨出自己的底線究竟在哪，可能源自他與自己長期斷連，長時間對自己的感受與想法一無所知。因為「自我存在感」微弱，自己在關係中就顯得不重要，常被人所忽略、輕視、不尊重或侵犯。

這裡的意思是，若在陪伴的關係中，沒有界限的維護，則可能相互的侵犯或壓迫了對方的身心需求，造成更多的傷害。

舉例來說，你看見一個人遭遇了一些失喪或痛苦，你感覺到對方需要陪伴與幫助。於是，在沒有顧慮自己生活情況與身心狀態下，你讓對方在任何時間、任何情況下都可以找你，告訴你他的困難與問題，於是，對方開始一天好幾回，可能在一大早，也可能在深夜，他可以以最快的方式找到你，尋求你的安慰與依靠。但如此卻在短時間內，就讓你精疲力盡，還沒獲得足夠的恢復與補足能量，又立刻接收到對方下一波的需求。一波一波的需求，緊緊牽繫著你們的關係，卻也同時將彼此維持主體性的界限消融，使彼此分不清什麼是自己需要承擔的責任，什麼是對方需要承擔的責任。

而更進一步的可能，在彼此的界限混淆之後，對方認為所有的事都需要讓你知道，你等於他、他等於你，這種共融的感覺，有如母親與孩子嬰兒時期一樣，具有生理與心理的共依性，孩子有任何不舒服情緒（餓、痛、難受）時，母親便會出現，將這些不舒服感受消除，讓孩子回復情緒平穩。這是處在悲傷或痛苦中的人的需要，渴望時時刻刻有一個溫暖、充滿關愛與撫慰的人可以陪伴在側，挪去、消除他的苦痛。無怪乎十九世紀詩人、思想家愛默生（Ralph Waldo Emerson）曾說：「悲傷，使我們都變成一個孩童。」

成長，需要空間

這是我們內心情感需求面向的渴望，卻不符合真實。真實是，母親並非完美，母親也不是永遠不疲憊，母親無法總是保持能量來照顧孩子，她同樣需要休息與被關愛。

當人成長，漸漸離開嬰兒的完全被照顧狀態，他開始能主動的尋求滿足的來源，也慢慢的學習為自己的生命生存負起責任。即便是母親，也無法負擔起孩子一生的所有責任，無法永遠為孩子的生命需求負責，孩子必須透過生命的發展，學習獨立自主，學習在這世界的生存方式。若母親過於承擔孩子生命的責任，或是造成孩子的過分依賴，就可能使孩子放棄摸索與學習自立自主的方法，或是阻擋他們發展獨特自我的機會與空間。

關懷與陪伴痛苦、悲傷的人也是一樣的，我們無法時時刻刻的將情緒能量投注在對方身上，我們會疲累，會需要承擔自己的生命責任，也同樣需要關愛，無法總是照顧另一個人的需要，符合另一個人的期待。對方仍須透過自己的摸索與學習，去找到、去了解一個可以面對痛苦、處理痛苦、轉化痛苦的方式。藉由一段時間的對外尋求支持與關照，他必須慢慢的能夠往自己內在尋求自己的支持與關照，真正的達成生命的平穩與康復。

所以，如果陪伴者一開始便失去了界限，沒有意識到自己的身心靈也需要休息、安頓與復元，便可能在硬撐的情況下，感覺到陪伴關係中的沉重負荷，而漸漸的心生厭倦與許多負面糟糕的感覺。

而糟糕負向的感覺，即使不說破，也一樣會在關係中發酵，在非語言的訊息中，一個眼神、一個舉動、一個姿勢，都可能將這些糟糕負面的感覺散發出來，讓彼此都陷入一種說不清楚的負面感覺中。

失去界限的負向循環

最常聽見的例子，就是過於投入與失去界限的陪伴者，往往困擾著為什麼對方不改變。而自己做這麼多、付出這麼多，想盡了辦法，花了許多時間，卻還是沒有看見對方的改變與好起來。漸漸的，陪伴者開始在口語或非口語中釋放攻擊性語言，指稱對方不夠努力、擺爛、根本不想改變，不然就是心生無力感，在沒告知、沒討論的情況下斷了音訊，拒絕回應，讓對方經歷莫名的不舒服與被遺棄感。

當一個陪伴者充滿焦慮與不安的想向他人求助，來解決被陪伴者的困擾與問題時，此時已是一個徵兆，顯示陪伴者的過度涉入與失去自我界限的現象。意即當痛苦、悲傷者的情境與困擾沒有獲得解決，陪伴者就會感覺到強烈的焦慮與不舒服，更有強烈的痛苦感，承受了某些無能為力的沉重無力感，或是挫敗感。因為這些感受太難受，為了解決自己的難受，就會認定造成這一切痛苦的源頭就是對方，只要對方改變，或是對方不再發生困擾與問題，自己的痛苦、無力、挫敗也就會消失了。

此時，陪伴者自身的不舒服感受將會丟回給被陪伴者，強勢與侵略性的要被陪伴者改變成符合自己所期待的結果與模樣。那麼，兩方就在關係中相互索求，相互侵犯與相互攻擊了。

這將是一種負向、具有攻擊性的惡性互動循環。若是正向的互動，兩人皆會在過程中感受到彼此真心的對待與付出，而不是利用與佔有。被陪伴者接收到的是真誠的關心，並非只是將他視為問題要解決。

當然，界限對我們的社會來說，是陌生的概念，有著實際上執行的困難。我們大多數人的人際關係存有很長時間的界限模糊狀態；不能維護自己的權益，許多不合理情況只能消極的忍耐與承受，害怕拒絕，也害怕衝突會造成關係的破壞。因此，在關係中，總要扭曲自己的感受，或是漠視自己的需求，勉強自己維繫關係，卻在維繫中，充滿怨氣與委屈。如此，關係總在相互侵害與矛盾下，日漸惡化，直到某一刻出現壓倒駱駝的最後一根稻草，徹底崩毀。

陪伴關係也常出現同樣的情況，礙於角色與形象，陪伴者落入必須完全讓被陪伴者滿意的迷思，或是在違背自己身心平衡的情況下，強逼自己處在陪伴關係中，卻往往因不堪負荷，而以一種失控的狀態，攻擊對方、傷害對方。

要避免失控的傷害與攻擊發生，陪伴者要能覺察自己的需要，覺察自己的狀態，覺察自己的身體與心理感受，覺察自己所能承受的限度。不惡意虐待自己的情況下，陪伴才能有所品質，出於內在的真心樂意。

當然，陪伴者在陪伴過程時，必須能將自己個體的需求與感受先放在一旁，專心的注目著被陪伴者的所有感覺、想法與需求。這時候，陪伴者既渺小又偉大；渺小於把自己看為「無」（nothing），而同時間，當他把自己全然付出時，他的生命便不再只是為了自己，於是他「無私」，超越了自我的侷限，因而成為偉大。

這是弔詭的局面，為了全心的陪伴一個人，所以我們無私（自我感消失），但當我們無私時，同時也失去了個體的主體感。我們因此全然的把自己的生命價值與意義，依附在對方的反應與需求上：以為，當我能把他照顧得好好時，我的價值與意義才能獲得滿足與實現；相反的，若他一直處於苦痛、折磨，我身為陪伴與照顧者的意義與價值，必然也受到打擊與破壞。

難以拿捏的陪伴距離

曾經有位母親在我面前痛哭失聲，她說她究竟要如何幫助她的孩子勇敢的面對生命即將結束的事實？她的孩子怨恨自己得了不治之症，對周圍人士充滿憤怒，身為一個母親要如何幫助孩子放下，不再憤怒？究竟她要如何做才對？

這個母親活得心痛與辛苦，她不僅要面對自己即將失去一個兒子的事實，還要背負安撫兒子情緒的責任。從這位母親的眼淚中，我體會到為難與受苦。我對她說：「妳也受苦了，看見兒子這麼年輕卻得了不治之症，充滿了埋怨與不甘心，妳一定很心疼與辛酸。」

母親哭得更為激動：「我怎麼忍心看他這麼受苦？我希望他不要再這樣憤怒下去，我希望他好好的走，平靜的走。」

母親將解決孩子情緒上受苦的重責大任，扛在自己身上。這樣的扛，並沒有幫助她自己更有力量來面對，反而充滿了焦慮與急躁，因為她會發現，當她越希望兒子不要再憤怒與指責，她兒子的憤怒與指責便會越打擊她，不斷的提醒她，她的照顧與陪伴，並沒有讓兒子好過。

我相信，以一個母親的愛，讓她替兒子挨痛，她會願意，並且心甘情願，但遺憾的是，現實中她無法這麼做，她只能焦急的在一邊，慌亂的問著：「兒子，到底要我怎麼做，你才不會這麼痛苦？」

兒子每分每秒的痛苦，都會化成這位母親每分每秒的折磨。

她急切的問我，究竟可以如何幫助她的孩子？

她焦急的情緒衝向我，也可能使我模糊了彼此界限，換我扛起她的情緒責任。我意識到情緒混淆的危險，沉住氣的說：「我感受到妳的焦急，妳很心疼孩子，但妳的孩子正在面對生命的重大意外，他無法理解與接受的事太多了，他的情緒龐大而複雜，而這些都需要表達，才不至於累積在心裡。這些憤怒與指責會是個過程，要妳承受這些，的確難受，也為難，有沒有可能請一些專業人員協助妳的兒子，例如：護理師、社工師、宗教人員？」

母親說：「那我要如何面對我的兒子？」原來，最大的癥結是，母親自己不知道究竟要離孩子多遠多近？遠了，怕自己不稱職，不是一位好母親；近了，又深受影響，彼此糾結。

距離，是陪伴者與被陪伴者最難拿捏的問題。什麼東西是屬於被陪伴者的？什麼東西是屬於陪伴者自己的？這是長久以來混淆不清的難題。

當這位母親說：「我希望我的兒子不要再憤怒，能平靜的接受」時，這便是一個陪伴者的需求，她不想看見兒子的痛苦反應，這會令她難受。但是，以兒子的狀態來說，若無法順利表達出憤怒與痛苦，恐怕會因為壓抑，而導致沉重的憂鬱與絕望也說不定。

每個人都是獨立個體

也就是說，若我們要成為一個身心安穩的陪伴者，我們得把主體感還給被陪伴者，也把主體感還給我們自己。我們需要知道我們所陪伴的對象作為一個獨立個體，他遇到了他的處境，會有他的所思所想所感覺到的。陪伴者真正需要做到的是，理解被陪伴者處於什麼狀態？有了哪些經驗？有了什麼反應？而不是試圖解決。

同時，陪伴者也要能視自己為一個獨立個體，面對對方所遭遇的處境，我自己又有什麼所思所想、所感覺到的。然後，謹慎的不把自己的感受、想法強行灌輸給對方，強迫性的要對方否認他自己的經驗與感受。

當我們能將主體感還給彼此時，我們才不會因為太黏膩、太緊密的距離，混淆了彼此的獨特性，才能避免在混淆中，混亂的犧牲了某一方的需要與感受。

這就是「界限」的概念。給出雙方一個屬於自己的情緒空間，歸還屬於自己的情感反應，在各自的情緒空間裡，情緒可以存在，可以慢慢疏通、慢慢照顧。而不需要相互強烈碰撞，想要指責對方情緒不該存在。

不過，當我們要畫出一條線來保持彼此的獨特性與空間時，恐怕有人會認為這豈不「自私」，竟然分別你我，為自己著想？

這種害怕「自私」，也是我們文化裡特有的產物，很害怕不為別人著想、不為別人而活，很害怕讓別人不快樂與不高興。我們將自己的價值深深的和別人的反應連結一起，以為只有讓別人高興快樂，只有努力的順應別人的需要，這才是無私，才是愛與關懷。

但事實上，我們會發現，本來以為是無私的高道德表現，最後卻往往演變成委屈，心裡苦惱著：「為什麼不管我怎麼做，你還是這麼多抱怨？」「為什麼不管我怎麼做，你還是不好起來？」「為什麼不管我怎麼做，你都不快樂？」

漸漸的，陪伴的品質降低，陪伴者的能量也漸漸消耗。情感上的耗竭在陪伴的過程中是難免的，但畫出一條分別你我是不同的人我界限，卻可以減緩耗竭的發生。

理解彼此的不同

「畫出界限」並非是「自私」的表現。「自私」的做法是自我中心的只為自己著想，認為另一個人的事情關我什麼事，採取不聞、不問、不關心的態度。「畫出界限」是，我知道我和你是不同的，我的感受與需求不會是你的感受與需求，因為我知道這樣的不同，所以我尊重與包容你所呈現出的模樣與狀態，但這不會干擾我，我仍知道自己的立場與角色，甚至是我的感覺與想法。

而唯有畫出情緒的界限，一個陪伴者才能真正做到包容、尊重與接納，不會過度的背負另一個人的情緒責任，也不會過度將自己的情緒拋給對方。當情緒不是混淆的來來去去，含糊成一大塊時，陪伴才能真正的發生。

這時的陪伴，是放下心的：放下期待對方反應為何的心、放下評價自己的陪伴有沒有價值的心、放下自己應該如何讓對方好起來的心。然後，放心的陪對方一段，不會過度的反應對方的反應，不會一股腦想將對方個別的情緒經驗（無論痛苦或悲傷、快樂或平靜）消除或添加，而是容許差異存在。

這亦是一種不費力的陪伴。不費力在於不過度用力，不強迫自己也不逼迫別人，給予彼此舒適的空間與時間，保有自己獨特的需求與感受。如何讓自己的陪伴達到不費力的關注，或許是每一位陪伴者都需要試著找尋的平衡點。

第五課

陪伴的迷思

真正需要這份關係的人是陪伴者，因為他需要獲取被陪伴者的注目與肯定，他需要一個不會離席的聽眾。

當我初進助人領域，成為一位新手專業助人工作者時，我帶著社會所期待的助人形象框架自己，認定助人者一定是天使或絕對好人；認定助人者一定要表現出讓人肯定誇讚的愛心；認定助人者一定要沒有情緒、不會喊累、不會有任何的個人需求，一心只為了滿足受助者的需求努力。

合理的助人角色

這不僅是我個人非合理的期待與想像，也是社會所釋放出的非合理期待與想像。好似若一個人成為助人者，他就變成了上師或上帝，完全沒有人的各種情慾，只想著為人謀福，為人而活，並且可以永不休息、永不疲累。

為什麼說這是非合理的？因為這違反了人體的運行，也違反了人性。沒有人可以始終當助人者或陪伴者。助人或陪伴的歷程，人付出了自己，讓他人使用了自己，不論是內外在資源或是自己的情緒能量。但這樣的使用一定會遇到極限的時候，不僅身體會累，精神會耗損，助人方法也會遇到瓶頸。

何況，身處在人世間，沒有人可以像電影中的超人（拯救者）永遠是助人者或陪伴者，某一些人生時刻，我們也需要是一位受助者與被陪伴者。這是人的普同經驗，不論身分是什麼，我們都需要愛，需要得到關注、傾聽與尊重。我們也都需要有真實與令自己滿意的關係。

一個合理的狀態是，當我們在陪伴時，我們讓自己專注、用心；當我們離開被陪伴者時，我們可以放下、安心，回歸自己的生命軌道，好好的過自己的生活。而當我們再回到被陪伴者身旁時，我們又可以再心無旁騖的讓自己專注、用心。

這種運作不是無時無刻的將被陪伴者背在自己肩上，完全視為自己生命的責任。因為可以在陪伴關係中設限停損，因此人可以喘息，可以修復，可以為自己的情緒與精神獲取滋養，如此才能在下一次的相遇時，再聚精會神。

太緊密與太緊迫盯人的關係，是無法發展出一份好的關係。因為沒有適當的空間與距離，兩人在關係中動彈不得，失去可以流動、彈性行動的可能性。很容易在關係中只剩彼此束縛，彼此牽制。

當然，社會普遍對於一個陪伴者（所謂的助人者）的迷思，一時間很難被更動與調整，但若真心想要學習陪伴，迷思必須被解構，還給自己一個合理的期待與對待，陪伴才能永續進行。

而事實上，當你可以為自己摸索出一個合理的狀態，包括能承受的時間、較舒適安在的空間，及自己的身心承受度，你便可以在開始進行陪伴關係前，給予訊息讓對方知道你的狀態與需要，也能尊重對方的感受與需要，像是：

「我有三十分鐘可以陪你說說話。你覺得什麼時候好呢？」

「我很想要找到一個好的時間好好的聽你說，只是我現在狀況不太好，是否可以先約個時間，待那時候好好的談談？」

傾聽者並非拯救者

有時候，被陪伴者也一樣的有迷思，將陪伴者視為解決自己痛苦的唯一希望，有如在汪洋中抓到的浮木，焦急的希望陪伴者能立即回應他的需求，緩解他的痛苦。如果是危機中的個體，已在精神混亂與崩潰邊緣，立即性的安撫與花些時間陪伴是無法避免的，陪伴者也許必須暫時的擱置自己的身心狀態，提高警覺的將注意力放在對方身上，直到對方安穩平靜。但那是危機個體的特殊狀態，在一般人與人的陪伴關係中，雙方需要共同找到一個適當的時間與合理的方式來好好陪伴。

迷思：除非被陪伴者自願與主動結束，否則絕對不能喊停。

關於陪伴的一些迷思，值得我們細細檢視：

陪伴者有責任將自己可以負荷的時間表達出來，不論那是十分鐘、半小時或一小時。告知是為了讓對方了解在有限的時間下，最想表達的是什麼，或是希望陪伴者以何種形式陪伴；是靜靜陪在一旁，還是陪著談論什麼主題，或是給予什麼關注。

「時間有所限制」，往往會挑戰我們對界限的概念，經常會落入：如果我是一個好的陪伴者，我是願意付出所有時間陪伴的人。被陪伴者也可能落入這樣的迷思：如果你真的關心我，你應該要一直陪伴我直到我滿足。

在不合理的認知下，兩人都誇大了陪伴者的能力與能量。通常這樣的情況，是將一個人「物化」了。不論是陪伴者本身或被陪伴者「物化」了陪伴角色，都是剝奪了身為一個人會有的獨立性情緒感受、認知想法與獨特性反應，否認了陪伴者是一個真實的人的事實，誤將陪伴者視為一個沒有生命的陪伴物、沒有個人生活需求的物體。如此將發展成濫用或是虐待，使兩人的關係變成一種我追你逃的狀態，如此，是難達成有品質的陪伴關係。

進入健康的陪伴關係

承接上一個迷思的探討，因為我們社會對人與人的界限十分混淆，甚至有些關係呈現出不健康的界限：像是一方可以任意使用或支配另一方，一方可以操控另一方所有的行動，或是一方可以任意的侵害另一方的身體或精神。這些不健康界限的關係，將使人在錯誤認知中，合理化一些虐待與剝削的事情。

迷思：陪伴是要完全的滿足對方。

若我們在不健康的界限關係與不健康的界限環境中生存，我們會以傾瀉式的付出，失去自我的方式，完全遵照他人指示與評價來行事，以獲得生存的需要與關係上的肯定。

也就是漠視自己身為人的權利，忽略自己的主體性，將注意的焦點完全擺放在對方身上。這樣的情況下，陪伴者往往無法覺知自己的界限在哪裡，什麼時候自己會累、什麼時候自己會需要休息、什麼時候自己會需要好好面對自己的人生。而他不斷為別人付出，是一種將別人生命的自我責任全扛在自己身上，或是以一種討好的姿態想要取悅被陪伴者。

我們必須清楚知道一件事，我們能獲得感謝與肯定，決定於對方有心想要感謝與回饋陪伴者，這是來自於他原本就有願意感謝的特質與性情。如果一個人沒有能力感知到感謝，也缺乏滿足的能力，就可能發生不論做多少，為其付出多少，想要換得他的一句感謝或肯定，對方卻只是反映更多的不滿足，或者仍是挑剔與否定。

所以我們需要給予自己合理的期待、合理的範圍，知道自己可為與不可為之所在，並且，試圖表達出自己的能力範圍並和對方討論。

陪伴者的定位

隨著成長，每一個人在世都有很多身分與角色在轉換，而其中一個最重要的身分與角色，是「自己」。拋開加諸在身上的一個個社會角色，人從誕生到死亡，最重要的意義是完成自己，實現自己最想要的人生。

迷思：不論何時何地，都要做到陪伴者角色。

因此，我們無法總以「陪伴者」身分自居，陪伴他人細說人生，陪伴他人處理情緒，陪伴他人安頓身心。雖然服務他人是美德，樂於助人也是能為自己帶來快樂與價值感，但若是總以他人的生命為自己生活的重心，不停的為他人而奔走、而運轉，這很可能是不願意正視自己生命的意義，逃避自己人生所要面對的課題現象。

我們不需要時時刻刻成為一位陪伴者，因為人生在世，我們也需要他人的陪伴。我們也有脆弱與限制，也會經歷各種人生滋味與處境。當我們可以陪伴，我們付出時間、能量與關愛。當我們卸下陪伴者角色，我們享受生命、享受被愛、被滋養。

如此，也才能在自身的生命中，如實的豐厚自己的生命體驗，更能懂得人生，體察人生。

維護「自由意識」

陪伴，並不是剝奪對方的自由意識與自主權。陪伴絕對不是灌輸陪伴者自己的價值觀與信念給對方。陪伴，是尊重與在乎對方是一個獨立的主體，願意陪著對方走一段探索自我的路，陪著對方更認識自己，陪著對方走向自己想要的人生。

迷思：在陪伴過後，對方會照著我的期待走。

很多人的迷思是，陪伴是有目的性，是為了改變對方那些我們認為有問題的、不適當的行為或反應。於是，陪伴只是表面，本質是想要控制，想要說服與矯正。

這種不一致的陪伴關係，會使被陪伴者感到不舒服與不受尊重，可能反而更背道而馳，更加對立與衝突，或是將自己更防衛起來。

陪伴，必須出於關心，出於尊重，出於真心，陪伴才能真的感動對方，讓對方有力量面對自己。

為彼此保留一點空間

陪伴的價值在於，讓自己的心挪出一個空間，去感受也好，去體會也好，先了解眼前這個生命所受的影響與衝擊。接觸這個受傷、難過的心靈，讓這彷彿被壓傷的生命花朵，能得到溫柔的扶持與滋潤。

迷思：陪伴是無能為力幫助別人時只能這麼做的事。

或許問題還在，苦難也沒有立即消失，但這個生命獲得善待，一定能生出力量繼續面對與承載。

陪伴的發生，是因為相信：生命，是需要善待與關愛的。陪伴雖然沒有高超治療或助人技術，但陪伴卻是許多人生命裡最大的渴望：真的被理解、被懂、被接納，而不是被矯治、被評價、被視為問題。

陪伴在我們社會才是真正難做到的事。大多數的人都希望自己在助人過程有價值與成就感，因此注意力都在自己身上：我是不是說對了話、是不是分析出了問題所在、是不是正確的告訴對方究竟要如何才能解決問題。

專注在自己的表現上，便會將心力與焦點從對方身上轉移，而無法貼近被陪伴者的心靈，感受對方的感受、理解對方的心情、回應對方的需要。

陪伴相對於有明確技術性與步驟性的助人方式，當然顯得不高明，也沒有充分的證據可以誇口說，在陪伴之後，對方有多少改變、多少改善。但陪伴是真心的想要陪對方走一段路，是建立深入關係的關鍵，是將「人」視為中心，而不是將「事」視為中心。

陪伴的過程，對於一個陪伴者而言，是最直接的考驗，考驗其對人的態度與信念：是不是真的尊重生命，是不是真的接納一切的發生，是不是真的真誠一致、包容，及充滿了同理心的對待人。

若是真實體會過陪伴的真諦，相信這個迷思會自然破除，因為你會相信，陪伴才是最難的過程，陪伴是助人者最深度的修練。

理解，以及保持關懷

陪伴真正重要的是，讓被陪伴者感受到傾聽、理解與關愛。如果，陪伴者強烈的以自己的生命經驗作為教導的教材，不斷敘說與分享自己的生命故事，想要藉此讓被陪伴者仿效與遵從，如此一來，這份關係是為陪伴者而存在的。真正需要這份關係的人是陪伴者，因為他需要獲取被陪伴者的注目與肯定，他需要一個不會離席的聽眾。

迷思：陪伴者是以生命的教導者或分享者自居，來讓被陪伴者仿效或遵從。

這是時常發生的事。我常見到一些人自稱是助人者，也以關懷行善者的身分自居，但遇到了一些身處在患難、傷痛中的人，或是一些迷失人生、迷失自我的人時，不是真正聆聽這些人的故事與生命遭遇，而是不斷的述說著自己過去的人生也遭逢許多的患難與轉折，自己當初如何的努力與不認輸，如何的堅強與堅持，才能戰勝陰霾，走出新人生。

時常，我看著他們說得慷慨激昂，彷彿那段不容易面對的日子就在眼前再次上演，但往往我看見被陪伴者兩眼空洞，靈魂早已不在現場，只留下軀殼。但「演說者」似乎沒有覺察，仍然熱烈的說著自己的生命故事。

說故事不是問題，故事往往是有力量的，但說故事的當下，需要彼此的同意，一同以生命故事相互呼應與共鳴的。如果只是一方滔滔不絕的說，不關注另一方是不是準備好聆聽，那也可說是一種強迫，與失去尊重的侵犯。很多時候，一方自顧自的說，只是換來另一方關閉耳朵也關閉心靈，選擇退出關係。

誰需要誰的議題

在心理諮商與心理治療領域中，專業者常需要討論一個議題，是專業者需要當事人，還是當事人需要專業者？

有時候，當事人已經決定使用心理諮商服務到一個階段，心理諮商的功能與運用也可能已經到一個瓶頸，當事人的需求也許是獲得滿足、獲得改善，也可能基於某些原因不想再更深入的探索與處理，而認為可以終止諮商，反而是專業者不放心，或是以諸多理論，或自己過去的經驗、專業者自己的人格特質來懷疑當事人的決定與狀態，並且呈現不信任當事人對自身生命的選擇與決定。這時候，就有許多深入的議題值得一位諮商專業者探索與反思，例如：一個人究竟要呈現出什麼樣子、表現出什麼行為，才足以讓一位專業者相信與接受他自身的能力與力量？才足以讓專業者相信自己可以對得起專業品質的要求，並且能夠彰顯自己的專業能力？一個專業者究竟能夠多完全與完美的處理當事人的生命議題，才足以放心的讓當事人離開？

而這當中的議題，有多少成分其實是一位專業者自己的需求：像是需要獲得肯定、獲得回饋、獲得安心、獲得確定感、獲得安全感、獲得被需要感。

而當事人需要為了專業者的需求，而留在諮商關係中嗎？

這些議題都沒有標準答案，卻是需要倫理的深入思索與探討。

當然，在一般性的陪伴關係中（像是親友之間、社群之間），不需要如此嚴謹的加以檢核與反思。但還是需要關切，所謂的陪伴，究竟在陪伴誰？所謂的關心，究竟在關心誰？

如果我們說，我們想要關心某某人，想要知道某某人的心情，想要讓他接收到我們的關懷，卻是一直思索該告訴他什麼，該怎麼讓他不要難過或悲傷，該怎麼讓他勵志起來，這樣的關懷並不是關懷，只是想要證明我們有功能、有幫到忙、有表示我們的心意。

這樣的關懷方式，只是單方向的給予或是傾倒，卻絲毫不明白別人真正需要什麼，或是最想要什麼。

而以自己的生命故事作為教導與影響別人的教材，或讓別人可以仿效或遵從，這可說是經驗分享，適合在演說的場合、課堂、見證會、分享式團體中進行，卻不能說是在建立陪伴關係，或是進行關懷。因為在這樣的互動中，很明顯的，只會聽見其中一個人（分享者）的聲音，另一個人的聲音是消音的，他的情緒感受也不被關切。真正需要被關懷的卻沒有聲音，也無法表達，只能被動式的接收，這是無法構成陪伴的。

滋養真實的力量

有時候，當「演說者」越是說著自己的「能」與「強」，受助者越感覺到自己的「無能」與「弱」，使他們更自慚形穢的選擇退縮、封閉與自我放棄。「因為我無法像你們這麼正向、這麼有用、這麼堅強，我怎麼也達不到，我還是放棄自己，不要活好了。」這是他們在聽到許多人的勵志故事後，所發出的內在聲音。

勵志故事，在社會上當然有存在的必要，但存在性往往是為了社會教育的緣故，事實上，勵志故事的激勵作用很短，只要個體真實的苦痛再度發生，他人的勵志故事並不會讓此人產生力量，反倒讓人因為兩相比較而沮喪、罪惡感，或自責。

真正能讓人生命滋長出力量，唯有他的生命被聽見、被聽懂，被發現已經蘊藏在他生命裡的耀眼發光的生命力與愛，人才會從內在滋長出真實面對生命的力量與勇氣。

只是，這樣的陪伴要能扎扎實實進行，要有足夠的耐心與準備，更要改變我們社會長久以來只求表面效度、喜好做表面工夫的習性，願意培養真善美的眼光，追求真善美的境界。

第六課

陪伴中的自我狀態與準備

隨著生命的成長，生命經驗越來越豐厚，他人的生命經驗，我們或多或少也體會過，透過自己生命經驗的連結，來懂這些感受與想法。

許多人聽聞我的工作是一位諮商心理師，就會充滿好奇，毫不猶豫的問：「妳不會覺得累嗎？每天收到人的情緒垃圾，不會覺得無力嗎？心情不會變得很不好嗎？」

陪伴的學習

問這件事，就像問外科醫師說：「你不會覺得開刀很恐怖嗎？看到人的血不是很噁心嗎？不會覺得下不了刀嗎？」

或是問一位殯葬禮儀師：「你不會覺得屍體很可怕嗎？你不會覺得味道不好聞嗎？你不會做噩夢，覺得死亡很恐怖嗎？」

我要說的是，基於一位專業工作者，基於他的工作職責與專業養成，他所「關注」的，不是一般人在想像這件事上所注重的焦點。「想像」和「實務」是有差別的，也許在進入專業養成的初期過程，可能發生了那些人們所想像的狀況，但在反覆的學習、修練與統整後，一位專業成熟的工作者，已經可以建構他的工作信念與工作價值，及核心任務。這是一般非專業者所缺少的部分，他沒有受過完整的基礎訓練、督導與進修，也就無法發展他的工作信念與工作價值，及核心任務。

特別是心理與助人這方面的專業，更容易引起許多想像與誤解。

平常，親朋好友間就會相互關懷，相互幫助，我們總用自己的生活經驗相互給予、相互付出，每一個人都可以提出自己所經歷過的助人或受助經驗，未必一定需要接受訓練、培育才能夠助人。當然也不一定需要如一位心理相關專業工作者，接受為期很長的磨練與塑造。

所以，大多數的人沒有機會深入了解，心理專業工作並不是收存情緒垃圾的工作，也不是像命理師或分析師立即給予解決問題的建議。而是陪伴人耐心的、細心的，準備好勇氣、力量，一步一步的揭開在我們內心深處不為人所知的黑暗陰影，深探黑暗陰影的歷史與情結，一步一步的清理那些糾結、個體恐懼，不斷迴避觸碰的傷痛與記憶。心理工作者相信，當一個生命的內在整頓穩當了，也就能清理出新的生命空間，容納新的部分進入生命，邁向更想實現的自我。

當然，書寫這本書，無意把人塑造或培育成一位專業心理師，我無法這麼做，事實上也做不到。所有心理專業工作者都不是透過一兩本書，就能領會心理工作的意義與核心信念，還有專業任務。

我只是希望提供一些方法、一些知理，讓有心陪伴人的學習者，可以有一份導引，一些助力。因此，本章就是要說明陪伴中人的自我狀態與所需要的準備。

陪伴者就像是嚮導

當我們真的想要陪伴人走進心靈幽谷，或是深探內心世界，自己便需要有這樣的一番工夫，知道如何走進，如何深探。意思是，一位陪伴者需要對陪伴的過程有所接觸，也需要有過這些深入自我內心世界的經驗，才能知所以然。

我們都知道，要當一個好的嚮導，對方向與旅途要有一定的認識與了解。陪伴人心的工作，便是一個引人進入心靈風景的歷程，必然也要對內在心理歷程所具有的考驗與關卡，有些許的了解與掌握。意思是，他需要能有「往內看」的覺察能力，而不是一直在理智上思考問題的是非對錯，與剖析問題的成因。

在我訓練學生學習助人技術時，不難發現要人不帶理智評價與判斷問題對錯，與剖析問題，實在是太難了，因為這是我們長久以來生活的習慣，在一切講求快速的時代下，在表面事物上快速的判斷，然後行動，以節省時間。

這或許是做事的好方法，能立刻辨識、分析、判斷、決策、行動。但若是將做事的方式搬移到面對人、協助人，便容易發生兩人在智識上的辯論，或是不斷的談論事件，卻始終觸碰不到內在心靈，有一種和當事人距離遙遠，即使花再多時間，仍然在心門外繞路的感覺。

因為有人不斷攻堅，就會有人不停防禦。

我們必須知道，人心是脆弱的。不是只是某些人，對所有人而言，都是如此。我們的心都受過傷，都挫敗過，在每一次的受傷受挫之後，我們會以更堅硬的外殼一層一層的包裹住心，避免下一次的受傷。

我們拒絕讓心再打開，拒絕讓人再觸碰我們內在柔軟的中心，久而久之，我們只願意表達出表層意識的思考與判斷，用理智的思考與判斷代理我整個人。所以我們是活在腦袋（理智）裡，卻活不出精神與心靈。

我們長期所接受的教育方式，讓我們善於以理智控制一切，掌握每日的作息與行程。我們不斷用頭腦想，想以頭腦的思考來掌握人生，以為只要想通了，腦筋不打結了，人生就沒有問題了。所以拚命想破頭，想東想西，想要控制這控制那，確認這確認那，卻又在下一刻，害怕有所疏忽而導致無法預料的失控，而想出更多需要控制的部分。於是，無法停歇，拚命思考，是現代人焦慮症狀不斷衍生的原因之一。

我們無法對明天或未來放心，只要還沒發生的，總要不停的思考，來試圖控制那些不可控的變化。

這種不停以想法來控制生活的生存方式，將使人遠離自己的身體感覺、心靈感覺，以自我分離的方式，遊走在世間。生活只求「對」與避免「錯」，只剩「應該教條」，除此之外，關於創意、冒險、自由、享受、愛等許多人生值得的體驗與感覺，都不存在於生命中，怎麼樣也體會不到。

解構既定成俗的框架

如果一位陪伴者也是信奉理智與應該教條生存著，他只會告訴被陪伴者更強更多的理智判斷與應該教條，並且釋放一種對方真是不上進、怠惰、愚笨，或是庸人自擾的訊息。

許多當事人都曾跟我提到小時候很渴望父母的陪伴，當挫折、難過、失落時，希望能被懂的心情，能收到一些安撫，但父母總是時間不夠，總是疲累得充滿不耐，厭煩的說：「不要理它就好了，有什麼好難過的」，或是「怎麼會這麼脆弱，做人要堅強點，抗壓性這麼不夠」，甚至直接批評：「為什麼要難過，真沒用。」

不要小看批評的影響力，活在充滿批評的環境中，將造成一個人的緊繃不安與負面的自我觀感。一個人不愛他自己，就無法安適的活在這個世界，也無法真正的實現自我。

若想要建立真實的陪伴，陪伴者必須解構自己也總是信奉理智所建立的既定框架，必須好好的檢視自己習慣的價值判斷，與思考事物的方式。有太多理所當然的認為，及長久以來堅固的認知模式，都將使我們關閉耳朵，不再聆聽任何心靈所發出的聲音。

陪伴者若能認識清楚自己的價值觀，與那些成形已久的認知思考模式，就較能分辨出自己和別人所不同的部分，了解每個人的獨特性。也較能在陪伴的過程中，先暫時將自己的部分保留，純然專注地聆聽對方的部分，了解對方所形成之價值觀與認知思考模式之所以如此的緣由與脈絡。

陪伴者必須能夠先克制住評價與判斷，進而鬆動那些評價與判斷，不讓評價與判斷成為陪伴過程中的干擾物。

一旦堅固的評價與判斷不自覺的出現在關係中，人便會失去敏感度，無法獲取其他的訊息，包括表情、能量、語調、姿勢、動作。這樣的陪伴，很容易是各說各話，或是自說自話，失去接觸。「沒有人懂我的心」那種不被懂的感覺，相信許多人都不陌生，這種感覺的普遍性，反映了我們的社會其實不太懂溝通，既無法好好表達自己，也無法聽懂對方所要表達的心思。

淨空

「淨空」是我認為陪伴者要做的第一步自我調整。不帶自己的預設立場，不帶自己的個人情緒，不帶自己對此人、事、物的定論，保持著「空」的狀態，準備好去接收訊息，也準備好面對任何訊息的發生。

過去，我在臨終病房服務時，有許多機緣，讓我摸索出「空」的狀態。如果你抱持太多對死的恐懼，對死的看法，與對臨終者的狀態有許多自顧自的想像，你是無法貼近任何一位臨終者的。你可能自顧自的認為他現在應該會怎樣，像是恐懼、焦慮、沮喪、憤怒，或是自顧自的認為死亡好可怕，最好不要談不要碰。或是，你想像他一定會抗拒，不想要面對與談論，所以你便先避談了。

但其實，臨終者真實的需要可能是獨處、需要有人對話、需要有人聆聽，而他的情緒感受，除非對話與了解，不然我們永遠不得而知。

如果抱持許多的想像與既定看法，那麼就無法真實的接觸對方，不過就只是想驗證自己所提出的假設。

而所謂的「淨空」是：我準備好了自己，知道自己的無所知，我願意接受自己的無所知，想要好好的知道與了解你。

就像自己是一個空杯或空盤，好好的承接住所盛裝的材料。可想而知，若是空杯與空盤早已放上許多材料，無法淨空，那麼再放置的物質也只是掉落或溢出，接不住，自然就流失了。

若是一個陪伴者，他自己的生活有許多壓力與狀況需要調適，以致心力交瘁，感到疲乏與厭倦，若沒有先得到處理與照顧，沒有任何時間、空間整頓那些混沌不明的狀態，他便無法真正的獲得淨空與清明，無法再承接任何訊息。當他無法承接（無論是感受或想法），便容易以評價與判斷想要立刻的擺平對方的訊息，甚至失去了耐心與接納，充滿了不耐與批評。

與對方互為主體

「與對方互為主體」是陪伴者要自我準備的第二步。陪伴者在關係中是協助與陪伴的位置，雖然不是主要的位置，卻仍是保有完整主體性的個體。作為一個完整、獨立的主體，尊重對方也是完整、獨立的主體。雙方處於平等位置，才能在合理的互動中，不被誇大也不被漠視，真誠的表達主體性的經驗、感受與想法。

陪伴者要能賦予被陪伴者一個完整個體的權利，可以有自己的思想，自己的感覺，自己的生命歷程，還有自己的生命經驗。

許多人都有過一種經驗，嘗試跟某人表達內心的感受，希望能抒發情感，獲得理解，卻往往換來一陣道理的訓誡，甚至批評指責，或是出了一堆意見。

總是說不通，總是要解釋不停，於是放棄再表達，放棄再溝通。人因此活得越來越封鎖，越來越不願意將內心的世界與外在的世界連結。這些都是因為沒有獲得真實的陪伴。

「與對方互為主體」，就是說無論是被陪伴者或是陪伴者，兩人的存在同時重要。兩人皆有自己的生活背景、生命歷史，我尊重你，你也尊重我。我不將你作為我的附屬品，你也不將我作為你的附屬品。

許多人在陪伴中，都有過度用力與過度干涉的現象。所謂過度用力，就是對方沒有要你做這麼多，也沒有需要那麼多，但你卻好像把所有能給的，覺得該給的，全都給出去，而有一些沒有能力給的，你也一股腦的想盡辦法，務必要讓自己幫助對方達到理想的狀態。但一段時間後，你會發現自己像是拉著一隻不想走的牛，萬分吃力，然後埋怨對方不配合或不盡力。

而過度干涉，則是不斷的提供辦法與意見，甚至批評對方的選擇與決定，要對方放棄原本所想要做的決定。過度干涉，正顯示陪伴者有強烈價值判斷，沒有彈性與空間接受與自己不同的價值觀，因而剝奪了對方的自由選擇權與自主性，也漠視了對方有其能力做符合自己需求的決定。

一個陪伴者必須了解，自己的生活準則或價值觀是屬於自己的，是自己過去的生活經驗所塑造與建構的，不必然他人需要遵照這樣的準則與價值觀過生活。

相反的，陪伴者在陪伴關係中，也不意謂著需要認同被陪伴者的生活準則，或是完全接受對方的價值觀。因為你仍然是一個有生命歷史的個體，你可以尊重自己的這一部分，也就能接受他人也有屬於他自己的那一部分。

放下控制，接受不同

「放下控制，接受不同」是陪伴者的另一個重要調整。由於我們的社會仍屬於父權主義的社會，雖然經過許多性別關係與性別權力的倡導與改造，但父權思維在我們的社會仍是一個強硬的基石，崇尚權威、重視階級、強調順服與控制。在我聆聽許多人的家庭經驗時，常聽見許多人的家庭氣氛是嚴謹、沉悶，家庭規則是權威控制與強調懲罰的。這些充滿權威性、懲罰性、批判性的父母，會慢慢成為我們的內在性格之一，也可說成為我們的內在父母。

這內在父母，會在我們覺得做出不對或不好行為時，冒出來討伐自己、攻擊自己。所以許多人都會經歷過，即使已和父母分開兩地，父母也不常在身邊，但父母當年責罵的語言與方式，卻在自己最為失敗與失落時，在腦內不斷放送。

我們經歷過的父母，都會化為我們內在的其中一個面貌，一個性格。

如果我們的父母一方控制性強，要做孩子的我們絕對服從，並且，在你無法令他們滿意時，就給予許多批評、羞辱與失望的神情，那麼身為孩子的你會恐懼失去他們的愛與認同，而更加的要求自己達成他們的期望。漸漸的，你不知道究竟你自己的價值觀是什麼？你自己的思維與感受是什麼？你真正喜歡與不喜歡的是什麼？

你為了求得安全感，你努力的求「同」，和父母的期待「同」，和師長的期望「同」，和社會價值「同」，你以為只要「同」，就代表自己沒問題，就代表自己不是錯誤。而為了確保這一份安全感，你放棄自由的滋味與感受，也放棄自主的能力，你只想要鞏固一切既定的已知生活。如此你便會進入「控制」的無底深淵，不斷的想要操控所有的一切。

這樣的經驗若是沒有得到了解與處理，甚至療癒，那麼這樣的陪伴者也可能複製過去被控制的經驗，理所當然的控制著另一個生命，強迫著另一個生命也必須相「同」。

「我這麼想，你也應該這麼想；我這麼面對人生，你也應該這麼面對人生」，所以就會有像以下這樣的言論：

「一個家一定要有爸爸、媽媽，先生外遇就睜一隻眼、閉一隻眼，我以前先生外遇時，我也是這樣面對的，還不是走過來了。」

「你母親過世你很難過沒錯，但難過一下就好了，前途才是最重要的，趕快看看怎麼跟上大家的業績，跟上大家的競爭力。」

「分手沒什麼，這世上本來就沒有天長地久，你趕緊好好讀書，好好努力，等遇到下一個更好的人吧！」

這些回應都是顯示一些價值觀與生活態度，也值得被尊重，也相信有其脈絡。但是問題在於，理所當然的給予他人，卻不了解對方的處境、感受與他所在乎的價值觀。

陪伴者必須放下想要立即掌控情況、擺平事件的欲念，也不是將焦點放在如何給出答案或做法，而是協助一個人懂他自己。

懂他自己的獨特性，懂他自己的所思所想，懂他自己的前因後果，懂他自己的情感情結。

而陪伴者要能耐住自己總要求「同」的生存模式，接受這世界很大，這世界上有許多不同的價值觀，不同的人生處境，不同性格的人，不同的社會文化，與不同的信仰教義。

接受了不同，我們才能一同在這個空間，和平對話。

陪伴者可以覺察自己面對不同的反應。能接受不同，我們才真的能加以同理對方真實的處境。試著反思以下的問題：

如果我現在覺得人生充滿希望，我可不可以接受有人正在覺得人生充滿了失望？

如果我現在覺得人生混亂難熬，我可不可以接受有人正沐浴在幸福與光明裡？

我可不可以接受每個人都有自己的功課，與遇到課題的時程，而不是一味的要求別人應該看見我內心現在「看見」與「體會」到的世界？

我可不可以知道，別人和我是不同的，有著不同的天生性情、特質、眼光與角度？

容許軟弱與悲傷

「容許軟弱與悲傷」，這是一個考驗陪伴者撫慰力與包容力的關鍵。

長久以來，我們台灣受西方現代主義與資本主義影響，人們習於汲汲營營盤算著自己的人生，如何的付出、如何的收成，又計算著怎樣可以走一條捷徑獲取自己想要的成功目標。而在長期的社會文化與歷史運作下，我們的家庭也影響我們，讓我們以為一個強者是不該有軟弱，也不該有缺點與限制的。甚至認為軟弱是羞恥的，軟弱代表一個人的無能與失敗，以至於我們奮力追求無可挑剔的完美強人，以為只要追求到了完美地位，我們就能擺脫軟弱與羞愧的記憶與經驗。

這是一連串的謬思，也是導致我們活得越來越破碎與分裂的原因。真實的我們，心靈可能早已傷痕累累了，卻還是要故作堅強，假裝一切無傷無痛無影響。我們沒有勇氣對自己誠實，自然也會要別人不要對自己誠實。我們不允許自己軟弱，自然也不准他人可以軟弱。

我們因此活得無法再與自己靠近，也無法與他人的生命靠近。

這樣的堅強，不是從內在生出的真實力量，而是為了抵抗外在眼光與評價的防護盔甲，為了保護內在不安與恐懼的心，即使盔甲剛硬、沉重，也不能卸下。

一個可以接受自己有軟弱有悲傷的人，對自己是溫柔的，是包容的。一個不能接受自己有軟弱與悲傷的人，就會禁止自己可以尋求安慰，尋求協助，也會以許多的防衛機制掩飾自己內在真實的情緒，像是以壓抑的方式，杜絕所有的感受。或是以否認的方式，轉移的方式，來迴避接觸真實的我。

一個對軟弱與悲傷沒有包容，也沒有溫柔的人，是無法安心的接觸軟弱與悲傷的，因為在他的認知評價中，軟弱與悲傷都是不應該存在的，不應該被允許的，那麼，當他遇到一個經歷自己軟弱與悲傷的人，是無法從心裡給出安慰與包容的。

我曾經接觸過一位年輕的母親，她的孩子在學校無論是課業或是人際，都遇到了挫折，回家常是哭泣，拒絕上學，母親為此頭痛不已。母親很不能理解孩子為什麼要不停哭泣，哭泣不能解決任何問題，遇到問題應該就要面對，處理就對了。

但無論母親如何勸說，如何說之以理，孩子還是感覺到受傷與挫折，對於母親有更多的憤怒，那憤怒是一種不被理解，沒有得到安撫的憤怒。於是，從孩子的學業問題、人際問題，漸漸的，演變成母女關係的問題。孩子變得對母親有攻擊性，以行為來抗議母親的「批評與拒絕」。

母親拒絕接受她的孩子是軟弱的，母親拒絕接受她的孩子的哭泣，母親拒絕接受她的孩子需要撫慰。因為在母親的世界裡，沒有軟弱這回事，若是她軟弱，她就無法在貧困的家庭中努力求學；如果她軟弱，她就無法在被輕視的家庭中支撐住自己的尊嚴；如果她軟弱，她就無法堅強生活下來，建造一個社會所認同的家庭樣貌。

過去，這個母親從來沒有為自己流過什麼眼淚，眼淚快滴下來時，就命令自己吞回去，告訴自己：「哭，不能解決任何問題。」漸漸的，她感覺不到任何的脆弱，也感覺不到任何的悲傷，日子變得越來越理所當然，就是理所當然的活著，理所當然的盡責任，理所當然的把生活過下去。

但她沒料到，她如此的堅強與努力的適應這個世界，她的孩子怎麼可以這麼輕易的就抗議，就拒絕面對困難與挑戰。

她沒有辦法貼近她的孩子，她滿腦子只為她的孩子擔憂，憂慮她的孩子會被這世界淘汰，會沒有辦法在這世界上生存。她拒絕給她孩子擁抱，或者不是拒絕，而是她絲毫沒有能力知道如何去面對一個受傷、受挫的孩子，除了叫她要忍耐、要勇於面對挑戰與困難之外，還能怎麼做！

但是，當她開始可以重新回顧她的成長，她看見了過去自己是個小女孩時，其實也有好多的失落，好多的傷心，好多的受挫，當她承認過去所發生的感覺是真實的，也體會到過去的自己其實好想要一個安慰，一個擁抱，一句「無論妳如何，我都愛妳，我不會丟下妳」，這個母親對當初的自己生出憐憫與慈悲，願意以無條件的愛來接納過去的自己，不再是批評與否定，也不再想要掩藏與壓抑。

她甚至可以為過去的生命經驗好好哭一場。

從那之後，一切變得不太一樣，當她的孩子哭泣時，她可以停留在她身邊，可以擁抱她，可以告訴她的孩子：「一定好難受，媽媽知道妳真的很難過。」

她的心開始柔軟，柔軟的包容自己的悲傷，也柔軟的包容孩子的悲傷，悲傷與軟弱不再是丟人的事，也不再需要被迴避與驅趕。

人生難免有脆弱、有失落、有挫折，在學會勇敢與堅強之前，其實人要的只是被諒解、被包容、被愛。

用心感受，試著理解

「用心感受，試著理解」，當你認真的想要陪伴一個人時，你正準備要走進一個人的生命世界，參與他的生活經驗，體會他所體會，看見他所看見，感覺他所感覺。

因為是生活經驗，「經驗」的理解與懂，就不是單靠「理智腦」去推理就能明白的，還必須加上「感受腦」，去提取自己有關的類似經驗記憶，去感覺那樣的經驗會讓一個生命遭遇什麼樣的處境，有著什麼樣的過程。

這個時候，用心感受就分外重要。人的生活，其實很多時刻都不是靠「理智腦」可以左右與解決的，像是隻身在異國，想念家鄉的親人而感到孤單與強烈的思念，就不是「理智腦」可以控制與終止的。或是像失去摯愛的人，心如刀割，與痛徹心腑的感受，也不是「理智腦」可以控制與終止的。當我們處在危機中，因危機而恐懼失去親人或自己的生命，那樣的恐懼與焦慮也不是「理智腦」可以完全控制與解決的。

大部分的時候，甚至可說每分每秒，我們的感覺都在運作，也都在反應我們所經歷的一切。

有些人為著這些感覺而慌張，而吃苦，因此封鎖自己的所有感覺，要自己什麼感覺都不要有。

有些人無法抑制住自己的感覺，卻也無法知道該拿這些感覺怎麼辦。

我們的生活都需要透過理智腦（邏輯、組織）與感受（直覺、經驗）來帶領著我們前進，理智（邏輯）與感受（直覺），就像是生命的兩匹馬，當這兩匹馬有一致的行動方向時，駕馭者便能輕鬆順利的往要去的目標前行。

波爾斯（完形治療大師）❷，就曾以黑馬與白馬來象徵隱喻感受與理智的存在。我們隨時隨地都在與這兩匹馬相處，也需要試著去馴服這兩匹馬，使這兩匹馬能被駕馭者（主體）掌控，一起協助駕馭者往目標前進。

但是，我們在成長過程中，環境並不一定讓我們跟我們的黑馬與白馬培養出和諧

❷Fritz Perls（1893-1970），猶太裔德國心理學家，完形治療法（Gestalt Therapy）創始者，強調自我覺察，是一種情緒主義的治療。

與一致的關係。有些人可能仰賴白馬（理智、邏輯）的帶動，卻一直無法馴養黑馬（直覺、感受）；而黑馬的衝動與自由、難以駕馭，可能讓人心生憤怒，或是因著害怕被情感傷害而選擇保持距離。或是，對黑馬（感受、直覺）有著強烈的偏見或排斥，深覺黑馬就是不可教養的畜牲，根本不應該存在，而把黑馬深鎖在無人能見的牢籠中。

當然，有些人是相反的，任憑著黑馬狂奔亂跑，對於黑馬無法有任何的掌握，甚至也忽略了白馬的存在，呈現出無可奈何，無法掌握自我。

有些人，則是手中已握住黑馬的轡繩，也握住白馬的轡繩，可是，黑馬與白馬力道相當，往不同方向前進，所帶動的馬車，承受兩個力道的拉扯，出現隨時可能分裂、遭破壞的危險。這樣的運作，一樣寸步難行。

一輛馬車（象徵生命本身）的前進，需要黑馬與白馬一起合作，有一致的方向，才能帶動馬車。而黑馬與白馬必須同時都臣服於馬車主人的指令與掌握，才能共同為馬車主人盡一份力，完成主人所下的行動指令。

喪失對自己的主導權，是現代人共同性的經驗，被許多的認知想法淹滅，又被陌生的情緒感受襲擊，常常感受到生活的寸步難行，動彈不得，不知道自己可以選擇什麼，又可以決定什麼。甚至，已分辨不出自己的人生方向究竟要往哪裡去。

我常說這是喪失兵權。喪失對自己領土的兵權，不知道如何守護，不知道如何派兵遣將，只徒留整個國度的混亂。

對於自我的混亂，不能失去的仍是對自己的關愛與界限，知道自己什麼可為，什麼不可為。更需要安撫內在混亂不安的情緒，給予自己合理的對待與指令。逼迫自己絕沒好處，與自己的關係重新連結、重新安頓，才是上策。

如果你能真實的掌握理智與感覺，讓理智與感受彼此之間得到一個暢通的連結，不再偏頗，不再斷連，那麼，你會感受到自己的完整，也會感受到生命有了全新的平衡。

你會發現，不論是黑馬，或是白馬，都是你的一部分，你若討厭、厭煩某一部分，某一部分只會呈現更大的疏離與更大的分裂。而越不理會的，終究會以你無法控制的方式要你的注意與理會（就如同對待一個小孩般）。

如果你真能通透理智腦與感受腦對於一個人同等的重要，並且可以了解，感受對一個人來說是無時無刻存在的事實，那麼，就不要再忽略被陪伴者的任何感受，也提醒自己對於對方的感受要有更多的連結，更多的理解。

事實上，隨著生命的成長，生命經驗越來越豐厚，他人的生命經驗，我們或多或少也體會過，透過自己生命經驗的連結，來懂這些感受與想法，但仍要記得，這些經驗是用來連結與產生共鳴，並非是用來比較，與用自己的生命經驗說一番自己認為的道理。

耐心以待

「耐心以待」是我所要提的最後一個態度，這態度能幫助當事人生出自己的力量，而不總是依賴他人的助力。

許多事情的完成都需要耐心，更何況是人的成長。但往往人的成長，因個別差異與發展的速度不同，在忽略其本身的內外在條件與先天氣質下，容易形成評價與成見。而耐心，可以讓陪伴者有更多時間觀察，更多時間了解，更多時間辨識被陪伴者本身的特質與各方面的狀態與需求。

例如：如果要陪一個人建立對自己的信心，可能要先陪他認識自己，進而了解自己的長才與優勢。如果他從來不認識自己，也不明白自己的長才與優勢是什麼，也許要先摸索與學習。當有足夠的體會與接觸後，人才能漸漸分辨與覺察出自己所在行的，與自己所喜歡的是什麼。

耐心，是願意讓自己停留在這段無法立竿見影的時間內，相信認真的付出，必能一點一滴累積經驗，獲得成長。

往往我們之所以失去耐心，是因為我們拒絕停留在這一段漫長時間與苦悶的時刻。當我們想要離開不被我們所喜歡的時刻，想要結束沉重的狀態，便想要以極快的速度解決這一切。

當情境無法順利解決，情勢也不照著人的期待走，那麼，不耐的情緒便會開始滋長，感覺到煩不勝煩。此時，心開始有一種焦慮與沮喪的情緒相應而生，引發一種想攻擊或想逃避的衝動。當越想控制情勢，耐心就越不容易出現。

任何書本都無法教你學會耐心。耐心的培養，是需要摸索，需要體驗與學習的。耐心，是蘊含一份氣定神閒的穩定感，以一種規律、緩和，一切自有道理，一切自有時辰的胸懷來面對世事萬物。

有耐心的人，內在是有穩定中心的，不因著外界的紛擾與變化，而亂了步伐與律動。並且，了解所有人事物的成熟、成形、成氣候，都需要有相當的條件，各條件俱備，一個改變才會自然發生。

就像是你看著一顆種子的發芽、成長、成小樹、茁壯，有其歷程，需要陽光、空氣、水，還需要時間與照顧，需要許多方面的俱足，一棵樹便會成長得好。

又或者像是毛毛蟲，在成為彩蝶之前，必須歷經成蛹羽化的過程，在足夠的時間等待下，當蝶要展翅而飛，便要以自身的力量破繭而出，如此才能鍛鍊出新生命的力量揮動翅膀，才能蛻變成蝶。

如果我們不能等，沒有足夠的耐心相信生命的過程有其道理，那麼就可能扼殺任何生命能夠存活下去的條件與契機，也可能過早放棄任何一個可能，為世界創造美好未來的生命。

許多的生活經驗都要按部就班的學習，也要配合生命的發展歷程，過快的逼迫與催促，往往會犧牲掉生命最寶貴的精華時刻。也可能在過早的介入與影響下，讓一個人錯過最好的發展與機會。

不再當複製父母

就像許多孩子，父母過早安排一條明確的路讓他們走，不是讓他們摸索與認識自己後的選擇。等他們照著安排踏上那一條父母認為最正確的路時，卻突然間不知道自己到底要什麼？自己活在這世上的意義究竟是什麼？自己不可取代的天分與才能究竟是什麼？自己想要的快樂究竟在哪裡？

這些孩子成年後，可能不甘心過早被注定一生該如何活著，卻又在想要突破與找到真實的自己時，感嘆錯過了許多年華與機會。

陪伴者必定不再是當事人的複製父母，不能再以安排妥當的方式，與給標準答案的習慣，強勢的指引對方該怎麼面對他的人生。陪伴者的耐心，是在激發與陪伴當事人學習與自己的生命同在，為自己生命負責的課題，過程中，用我們的耐心間接的影響當事人對自己的耐心與接納。

耐心，並不是忍耐。忍耐是違心而論，是悶住許多情緒而不敢真實表達，一旦忍耐到臨界點，常常就是爆發更大的衝突與對立。耐心，是無論感受與認知都了悟生命有其發展歷程，開花結果的時間並非掌握在我個人。然後，從行為讓人感受到一份安定，與願意共同經歷這一段心靈的暗夜，直到黎明破曉。

第七課 陪伴與同理心

真正美麗的同理心，是兩顆心的靠近，是兩個人情感的交流傳遞，是兩個生命的相互呼應。

同理心無疑是修練陪伴工夫的基礎，就像是學習任何武術功夫前的蹲馬步。失去了同理心，陪伴等於沒有發生。

一般人在解釋何謂同理心時，常會這麼說：就是「感同身受」、「感其所感」、「將心比心」。

有生命力的同理心

「將心比心」或「感同身受」這幾個字講起來大概只需要一秒，寫起來長度也不過二、三公分，但真的能做到，卻不是眼睛所看的、耳朵所聽的這短短時間裡能辦到的，其中的奧祕是無遠弗屆的。不僅只是初層次，還有深度層次，若達到深層同理心，不需對方說太多話，便能理解，並且感受到他所感受的、所經驗的是什麼。

真正美麗的同理心，是兩顆心的靠近，是兩個人情感的交流傳遞，是兩個生命的相互呼應。這樣的同理心並不是靠匠氣式、人工化的方式可以辦到的，即使勉強辦到了，也是會少了一點生命力與真誠。

但由於助人工作的盛行，也因為溝通被現代人重視，讓人們以為有了同理心就能讓所有事情順利，於是紛紛的辦理、訓練、推動同理心。

當同理心變成了課程，便需要標準化、規格化。這一步該做什麼、下一步又該做什麼都要被設計過。而同理心是什麼過程也須被概念化，讓人學習時，可以運用這些概念來幫助自己知道究竟做得對不對。

慢慢地，同理心變得不太美麗。學同理心的學子們拚命練習使用同理心，被使用到的親朋好友厭惡生氣的說：「不要再對我用同理心了，不要再把我當個案。」

同理心的美麗因為匠氣式、人工化的操作後，被扭曲得看不見生命與生命靠近的美麗與美好，只讓人感覺作嘔與做作。

輔仁大學心理系翁開誠老師在一九九七年曾提出了「故事性同理心」的想法，他認為，當我們面對的是片斷、零碎、龐大、複雜而又難懂，甚至令人嫌惡的生命情感經驗時，往往才是挑戰同理心的時候。當遇到這樣的情況時，是否我們還能堅持相信這些令人搞不懂的生命片斷必有其道理，而且不但不放棄，反而在充滿未知、困惑的情況下，仍然興致勃勃，不放過每個細節，細細的體味，相信這些零碎、片斷必有其相聯繫的脈絡，只是我們暫時還未發現；看到這些難懂，甚至是令人嫌惡的經驗，仍然相信，生命必有其目的，意義之追求，終究蘊藏著「美」與「好」，只是我們尚未能體悟。看到這些生命現象，不會抽離、客觀，用某些理論去簡化這些現象；而會貼近、投入，帶著情感去體會，因為相信每個生命都有著屬於其自己獨特的情感。凡此種種，在在都考驗著我們是否能堅持相信「每個生命都有其主體性」的價值信念。這不是真假對錯的問題，是當你沒有充分的事實、證據時，你寧願相信什麼的問題。

這是令人動容的同理心，是有生命氣息的同理心，而不是只被拆解成「簡述語意」、「情緒辨識」、「連結回應」這初級的同理心回應。

走入他人的生命

要能走進另一個人的生命故事中，貼近他的經驗，在那些片段、零散的敘述中，或模糊難懂的姿態中，對他的生命經驗仍然保持開放，願意帶著自身的情感、感受力、敏感度去體會與靠近，這並不容易。這關係到傾聽者、參與者自己是否也能接納自我在生命有所情緒經驗時的內在歷程，無論內在經驗到何種情緒感受，都不以消音、抹煞、註銷來處理，也不視為是不重要的小題大作。

事實上，深度同理心能敏感於細微與隱微的情緒變化，體察這些細微而隱形的情緒變化，才更能看見一個人的獨特性，也更深入的理解個別性的情感，而不是只用「公共樣板」、「公播版本」來解釋人的情感生活與情緒內涵。

能有深度同理心的陪伴者，本身必須能夠敏感於自己情緒生活的細微差異及內在感覺而不為苦。這樣的敏感，能讓陪伴者對自身所產生的衝突或非合理行為有較多的接納與覺察。而不會因著自身的恐懼、衝突與想要對抗，而對抗了求助者所正在經歷的恐懼、衝突與非合理反應。

對自己有高度同理的陪伴者，有較佳的能力可以了解並調整、改變自己的內在反應，也較能夠專注的陪伴他人深入探索內在反應，而非僅注意外顯的行為或外顯的問題上。

有一大段時間，即便現在亦然，為了想要持續的磨練我自己的同理心，想更專注的看清楚各種情緒起伏、擺動與內涵，我總是把自己生活中的隱微心情拿出來仔細觀看，細細的體察與辨識自己的情感究竟處在哪個位置、哪個狀態。這樣的舉動讓不知脈絡的人受不了，覺得我真是一個庸人自擾的人，這點情緒也不算什麼，過去不就算了嗎？為什麼要專注定睛觀看呢？

像是我有好幾年專心關注自身的悲傷經驗，而步上悲傷議題的寫作與專業工作上。我總是不厭其煩的一而再、再而三的描述著悲傷經驗中人的情緒變化，與持續性的觀察悲傷中人的情感需求與反應。然而，我仍會或多或少接收到他人的訊息：「妳真的很感性，一點點小事人家覺得沒什麼，也會被妳提出來寫」、「妳太敏感了，這樣對妳生活不好吧！」

當然我了解，這是個體情緒經驗與悲傷經驗被社會長期漠視下的反應，「情緒無用論」、「悲傷無益論」在我們社會是常出現的聲音。只是，我也疑惑研究情緒為什麼不能像研究人體器官一樣，讓人細細研究與剖析呢？為什麼把情緒拿出來用放大鏡看，就容易惹來人們的不舒服呢？

其實，不過是反映出我們社會對於情緒的恐懼，與無能為力感。

我很清楚無論觀看情緒的過程引來什麼感受、反應，這都是我願意接受的，對我來說，這是追求美麗同理心所要付出的代價，我不能在觀看別人的情緒變化前，不看自己的；也不能在恐懼貼近自己的情緒下，卻說要去貼近別人的情緒與生命經驗。細細觀看自我生命經驗的累積，生命才能增長厚度，不然生命經驗也只是始終停留在表層，無法深入，或是只是跳過，卻始終不知道脈絡與緣由。

無法深入自己內在情感層，也就無法靠近另一個人的生命內在去理解他的情感，理解他的生命脈絡。因此同理心的關鍵，乃在於一個人對於情緒的掌握與了解，不會逃避，不會恐懼，了解情緒的發生必有其原因，有其歷史與脈絡。

如果一個人較能貼近自己的情緒，感受自己的感覺，他在別人的遭遇中，在別人的生命經驗中，便較能細緻、敏睿的體會出情緒的發生與變化，而不會落入評價情緒與忠告規勸的狀態。

而當一個人對情感越熟知，越能掌握情緒，也就越能分辨出複雜的情緒，他被情緒反噬的機會便會減少。因為情緒不會在他失能、逃避的情況下，越演越烈的成為一個情緒的怪獸，與情緒的風暴，而在不經意時將他吞噬與淹沒。

體悟生命的共在

過去，我在臨終病房的服務工作，讓我鍛鍊出不同於學院式（理論為主的教育模式）的同理心。因為在死亡面前，病人與我都知道，死亡不是我們可以改變與對抗的，終點就在前頭，說再多的大道理與社會習慣性的勸慰，都像是一種迴避與疏遠。

特別是，病人在臨終的過程，話語不多，無論是因為生理的因素（虛弱、疼痛不適）或是心理的因素（疲累、無望或是悲傷），甚至可能因為靈性的因素（對生命的疑惑與思索）而如此，如果仰賴話語內容獲得線索來進行同理心，往往無法進行。

所以，在臨終病房時，我讓自己跟著病人主體走，病人沉默，我便感受沉默中的氣息；病人遙望窗外，我便體會遙望窗外的感受；病人沉思，我便感受病人沉思中的情緒變化。我從病人的眼神與表情，去體會他的感受，不急著跳開或轉移他的狀態。

我在那段日子，體會一種「共在」，也體會一份生命與生命的共振，和情緒的感染力量。

因為不須關注未來，我開始不再以「頭腦」去分析與判斷，怎麼做才是對未來最好的，而是專注在現在，此時此刻的當下，在我眼前的這個人，他有著什麼樣的表情，有著什麼樣的姿態，有著什麼樣的氣息，散發著什麼訊息。他想跟我說什麼，在這一刻的共處，他正在展現什麼樣的生命面貌讓我參與。

對於臨終病人而言，他已沒有「新」的事物再進入生命，因此，他必須回看生命，去細細的思量他的一生究竟經歷了些什麼，如何走到這一刻的。於是，我聆聽他們訴說生命的過往，在聆聽他們說生命故事時，我眼前似乎有一個特別的空間，引領我與他們走進時光的奇異隧道，穿越了隧道，我彷彿成為他們過去的見證者，看見他們的生命如何經歷、如何付出、如何受傷、如何撐過來。更多的時候，我在他們敘說生命時，就像一部精彩的生命傳記影片在我眼前上演。

因為有「畫面」，我可以進入畫面，感受畫面傳遞出的情感與情緒。因為聽見故事的脈絡，我也了解了生命過程中許多的選擇與決定，都是必然發生的，也是必然存在的。

就如同你在任何一部戲劇中，深入一個主角的內心世界，連結與體會他的處境與各樣的遭遇，你會從心底升起一份對他的明白與理解。你會從他的位置與角度去揣摩他所經歷到的世界，與他所做的各種行為背後那些說不出的原因，與他所在乎的需求或渴望。

你將不是在腦袋裡判斷，評價他的行為有多令人厭煩，或是多惹來困擾。也不是簡單的就評價他是正向思考或負向思考，你不會三言兩語的就想論斷一個人一輩子的生命歷程。你的內心會油然而生對生命的尊敬與了解。

於是，你可以回應這一份懂，帶著一份尊敬的心。

同理心是深刻的懂他人的痛

同理心並不能解決任何人們所認為的問題，同理心的重要之處，乃在於建立一份信任的關係。並且透過同理心，陪伴者使用自己本身的覺知，回應給被陪伴者他的處境與狀態，與他所經歷到的情感歷程。

許多人都會問，就只能用同理心嗎？難道，助人沒有更快的捷徑或技術嗎？

如果助人仍然求快與求成效，那麼，就不是真正的關心人，只是想解決問題。只想解決問題，是不需要用心，當然也就省力省事些。用了心，人就會感覺到疲累，也會感覺到耗竭。

只是，我還是想再次的說明，每一個人都有其生命的成長歷程與背景，事實是，人活到成年，每個人都有一套生存之道，也都有其固定的價值觀與對事物的定見。當人遇到困擾與問題時，他也會傾向使用他過去已知、使用過的方式來因應。

當遇到超過個體所能因應的範疇，而過去的因應方式都不堪使用，人就會發生危機，遇到人生的逆境與困擾。

但是，當遇到所謂的逆境與困擾時，真的就能瞬間的接受事實嗎？就能立刻調整他所困住之處，重新發展出一個新的生命狀態與模式嗎？

往往沒有這麼容易。

人會有抗拒之心，想要否認逆境與困擾的發生，也會拒絕接受令他痛苦的事實，對於那些陌生的處境，他無法立刻調整自己去應對陌生的處境，他需要歷程，需要掙扎，需要沉澱，也需要反思，與重新學習。

而這個人需要有人陪伴，也需要有人參與在這一段不容易的過程，看見他的生命真真切切遇到的苦與痛，也看見他的摸索與掙扎的深刻面貌。人都需要這一份的陪伴與參與。

而在走一段漫長的重建之旅時，這個人會願意誰陪伴他？這個人會願意接受誰的參與與影響？答案是，那個真正懂他的人。

而這一份懂，就是建立在同理心上。

因此，若沒有懂，沒有體會到對方生命核心中所在乎、所追求、所不放棄的渴望，及期待被滿足的需求，那麼，你所輕易給出的建議與看法，可能只是一份干擾，與過度評價的傷害。

口頭評價的傷害

人們常忽視他們三言兩語輕易的評價，對一個人的傷害有多深多重，就如對於許多深受精神疾病之苦，仍不放棄生命的人而言，生命每分每秒都是掙扎與奮鬥，他們是受精神疾病殘害的倖存者，而他們的受苦與精神上所面臨的風暴，是許多所謂的正常人無法想像與理解的，正常人輕言一句「你是瘋子」、「你神經病」、「你有問題，趕快去吃藥」，就輕而易舉的將他們的苦痛、掙扎、奮鬥給否定與推翻了。

他們的哀傷無人能聽，他們的孤獨無人想參與。

但是，我想我永遠會記得，我的一個生病的當事人流著淚對我說：「我真的盡力了，這個病不是我要來的。」

當他們被疾病折磨，摧毀他們本來建構好的大好人生，他們找不到元凶，究竟是誰使他們一夕之間失去一切。

如果你沒有真的深刻明白到，沒有罹病的你和我真的是僥倖，因為有太多的疾病是無法預料也無法掌控的，我們無法真的掌握究竟人的一生會遭遇些什麼。沒有人希望自己生命有所缺憾，也沒有人希望他的生命只能被無情的擺佈與決定。但對多數精神疾病患者而言，他們的人生從患病開始，便已經被決定了大部分的人生局面。

如果你從來不曾了解，從來不曾聆聽，從來不曾接觸，你確實會恐懼，也會有很多想像。但那樣的恐懼與想像，在沒有重新了解與建構的情況下，只會變成無知的成見，與自以為是的評斷。

而我們的社會，無情與自以為是的評斷，從來沒減少過。

而我認為那是一種「父權社會」的現象與影響。

「父權社會」強調男性力量，要理智、重批判，強調如何塑造不倒金剛，能因應強敵，不屈不撓。相信唯有強，可以抵擋一切，所以要強，是父權社會普遍的價值。

在「父權社會」裡，母性力量是隱身的，是消音的。不論男性女性，都被塑造成要強、要競爭，為了生存，要像父性權威一樣的重理智、善批判，不認輸也不認錯。所以社會裡、家庭中對愛與撫慰一無所感，經驗性的生命故事，不被聆聽與同理。「你不能，就是你有問題」、「你不能照著他人的期待，就是你不夠好」，長久下來，這個社會沒有貼近心的能力，沒有撫慰痛苦的慈悲與寬容，只剩戰鬥與攻擊。

也連帶著，造成我們社會中的家庭，一個一個的家沒有溫暖，不知道如何創造親近，與真正家的感覺。

這一切，仍是和同理心的缺乏有關係。

因為，同理心是感受的能力，也是感動的能力，能感覺感受的存在，也能被感受撼動，這是需要有一顆柔軟的心，而不是一顆頑強與堅固的心。當心被一層一層銅牆鐵壁擋住、隔離，一個人只剩理智的腦在運作，他就無法以感受與人連結，以情感與人共鳴。

如此的疏離與遙遠，使他陪伴不了人，人也陪伴不了他。

這個人，勢必絕對的孤獨。

但確實有人選擇這樣的孤獨，因為他已不相信他的心可以被觸摸，也不相信他的感覺可以被了解，更不相信他是被愛的。因為過去的傷害與否定，他寧可選擇相信理智。杜絕了情感，一切變得簡單多了。

只是，若是成為一個陪伴者，他是必須選擇成為一個有感受、也有溫度的人。他奉獻了自己的覺知，讓自己可以接受另一個生命的撼動，也接受另一個生命與他的生命共同交織出對生命的領悟與理解。

世界，總是比我們所知道的，要大更多。生命，總是比我們所理解的，要深奧更多。

我仍然相信，面對生命，是需要尊敬以待，無論他是什麼樣的背景、角色、身分與形象。如果你對生命有既深且廣的接觸，你是無法輕視任何生命的。

珍重每一個生命故事

其實，對我而言，同理心不是一個技巧，而是一份對生命的尊重態度，與一份願意靠近生命的柔軟姿態。

當同理心不再只是技巧，而是一個人的生命態度，與能夠靠近生命的溫柔力量，同理心才能真正的在人與人的關係中發生，真正的有了影響力。

同理心並不是同情心。同情心是以上對下的優越位置自居，看待生命的態度是評價與可憐。同情心並不帶理解，只是以自認為好的方式想改善他人的生命與生活狀態。

同情心是急迫想解決令人感到痛苦的事，但同理心是陪伴痛苦中的人；同情心是立即的想給些什麼改變情況，同理心是陪著對方摸索與學習他能改變的方法；同情心是包含慈悲，卻不一定包含尊重，同理心是包含慈悲，同時包含尊重；同情心是分辨不出什麼情緒是自己的，什麼情緒是對方的，同理心則是可以知道什麼是自己的情緒，什麼是對方的情緒。

同理心也不是同意。同意是觀點上的認同，也是一份贊同。但同理心發揮時，仍是保有自己的價值觀與對事物的看法，不因觀點與價值判斷的不同，而在價值觀與意識上有所爭辯，並且，穿越價值觀與認知觀點的不同，仍可以感受對方之所以有這些價值觀與觀點的緣由，也就是內心深層的感受與過去的經驗所帶來的影響。

真正的同理心是可以使人獲得力量與一份與人的連結。商業性操作使用的同理心只能說是技法，是為了利益目的而造作出來的，達成目的後，並不會讓人感到生命的力量與尊重。同理心的品質與使用者的目的是大大有關的。

缺乏同理心的環境影響

同理心其實是人類被造物主賦予的天賦之一，與生俱來，一歲大的孩子就可以因為聽到別的孩子的哭聲而同感到難過。隨著長大，孩子開始了解每個人都有情緒，也能漸漸了解痛苦來自於複雜的情境與原因。但現代生活世界的功利、競爭，與崇尚成功與菁英，以及人際的疏離與失去連結，再加上家庭若在教養過程錯失培養孩子同理心的環境，也忽略學習同理心的必要，確實會讓人失去同理心能力，也對同理心一無所知，毫無發展。

更令人遺憾的是，若是孩子在幼童時期便開始遭受慘無人道的對待，甚至經歷過無情的暴力傷害，可能使孩子形成扭曲的認知，認為無情對待他人與對他人施暴不算是傷害，而是理所當然的懲罰。這亦是缺乏同理心下的現象——情感冷漠，對於他人的受苦沒有任何感覺，我想在我們的社會，已經是越來越常出現的社會現象。

在我小時候的教育環境，便可能塑造孩子失去同理心。民國七十年，我記得當我國小二年級時，一位年紀很大的女老師，為了矯正有一些家庭衛生習慣未建立的小朋友學會穿內褲，而當眾檢查；不論男生女生，要每一個小朋友都要當眾掀起自己的外裙，或脫下外褲，來證明他有沒有穿內褲。若是沒有穿著的小朋友，則會一一被拉上台前，要求他們不准拉上外褲或外裙，讓他們的私處暴露在外，然後當眾羞辱他們，要小朋友輕視他們，取笑他們。

當時我八歲，我對這個現象難以忍受，也難以了解，只有恐懼與難過。我雖然沒有受懲罰，但坐在台下看著台上被羞辱的同學，甚至有同學已經在哭泣，我卻在台下無法做什麼來讓這個情況改善。我感覺到很難受，很難過，但什麼都不能做的我，只能把頭低下，不要盯著他們，希望可以減少傷害他們。

這種教育方式，很有嚴厲警告的效果，不出幾次，全班同學已經都穿上內褲，但是，在那樣的處境下，如果一個孩子被長期教育應該要取笑那些同學，應該要不顧那些人的感受與尊嚴，任意的糟蹋他們，並且要對他們的受傷與痛苦悶不吭聲，慢慢的，孩子會變成越來越情感冷漠，同學被打、被懲罰都是活該，即使不認同，也不再願意讓自己有所感覺。當然也無法發揮同理心關懷他人。因為那將成為沒有必要的反應。

想想我們的周遭環境，有多少的處境與情景，是在要我們成為一個情感冷漠，與對他人的痛苦沒有反應的人。

關係若失去同理心

有時候，我們在生活中無論是面對家人、面對伴侶、面對同仁、面對朋友，我們在關係中感覺到的失落與失望，正是因為關係中缺乏同理心，關係中存在的是相互指責與攻擊、忽視與怪罪、控制與反控制，這樣的情況中，關係將會失去連結，無法靠近，而瀕臨破裂。

同理心在關係中是絕對重要的成分，有了同理心，關係中的兩個人才能體會對方的感受，也才能透過對方非語言的訊息，來捕捉對方的情緒，而不是僅僅想透過語言，以認知的方式互動來往。

如果，你願意發展同理心，學習同理心，什麼時候開始都不晚，只要，你開始願意不排斥、不恐懼情緒，也開始願意自覺自己的情緒變化與感受，那麼，實現能夠感受他人的感受，與理解他人的感受，使兩人的關係親近，便在不遠處了。

第八課 敏睿的陪伴

正向的肯定回應，是敏睿的陪伴者重要的能力。能看見他人正向價值與值得欣賞之處的人，就像是在厚疊的灰塵中，能夠看見被灰塵所覆蓋的物體本質的美好價值。

陪伴是需要敏感度與睿智的：

敏感度是用來覺察、感受與體會。

睿智則是能夠分辨、理解與回應。

我們生命最初最需要的敏睿陪伴者是母親。母親以她的敏感度與睿智來分辨嬰兒的我們究竟是餓了，是睏了，還是不舒服了，或是有什麼其他的需求。

依戀關係的重要

母親若是失去敏感度與睿智，恐怕嬰孩的我們將無法順利成長，甚至可能在意外中失去了性命。

而在那麼幼小的狀態，我們沒有語言能力，也還沒有發展完整的認知意識，所有生命的生存，都仰賴我們的情緒動力。情緒，來自於感官上的感覺，透過大腦神經傳導，刺激我們的肌肉組織神經，使我們有所行動，來反應我們的狀態與需求。

所以，情緒是非語言的，不一定需要在語言的輔助下，才會出現。所以我們感覺到情緒時，常常是一團模模糊糊，不是有秩序的出現，反而是失控的狀態，或是非常立即的出現，讓人手足無措。

這時候，有一個重要的人可以分辨與判別這些情緒為何，這些情緒出現的緣由，與這些情緒的需要，就格外重要。

這一個重要的人，不僅捕捉到這些情緒，還能在過程中安撫，以規律、耐心與溫柔的語調告訴你，原來你怎麼了，原來你發生了什麼事，原來你想要什麼。然後，這個人設法給予你照顧與滿足，或是設法解除那些不舒服的內外在因素。

這就是我們被照顧的開始。

沒有人一出生就會照顧自己，就能分辨與處理自己的需要與不舒服的因素。因此，主要照顧者的敏睿覺察與智慧在一個孩子的成長過程，扮演很重要的示範與根基。主要照顧者的敏睿與否，將會關係到孩子被滿足的狀態，與孩子在關係中的安全感、信任感與舒適感。

雖然對一個嬰孩來說，事件記憶很難被記住，但大腦的情緒記憶卻已開始儲存於情緒中樞系統杏仁核的位置。在孩子誕生後的前三年，是一個嬰孩建立親密與信任感的重要時刻。在第四個月開始，嬰孩便會分辨主要照顧者的聲音、味道與影像。滿一歲時，孩子便能對特定他人形成有意義的關係連結，此關係連結稱為依戀關係，是提供孩子撫慰、照顧、情感回應與情感分享。

可想而知，依戀關係便是一個個體的關係初體驗。依戀關係的品質便會大大影響個體在未來成長過程中人際關係、伴侶關係、親子關係的型態與模式。

若一個主要照顧者時常忽略，或是延遲覺察孩子的需要，或是過早（前兩年）奉行以不理會、漠視來作為矯正與懲罰行為的方式，孩子雖然會被制約該有的行為，但內在的心理狀態卻開始對關係失去信任與安全感，而漸漸的採取抽離關係的方式（情感疏離），或是在關係中拉扯與抗爭（情感矛盾，又愛又恨）。

也就是說，孩子雖然會學習到如何在家庭中生存，以及了解家庭所允許的行為與家庭規則，但他也會因為在關係中的失望與挫折，開始衍生其他的情緒問題或是適應問題。而最極端的例子，可能發展成在關係中以相互控制與相互傷害的方式維繫關係，長期處在關係不滿意的灰心、挫折中，卻又離不開這緊密又糾結的關係。

研究發現，一個四個月大的孩子，就能因為主要照顧者的情緒反應，而深受影響。

例如：無論孩子如何發出聲響想引起母親的注意，母親因為自己的情緒沮喪與煩悶而置之不理，孩子會比較那些有被足夠照顧的孩子呈現出憤怒與悲傷情緒，這是一種孩子感染到母親情緒的作用，也是孩子在關係中感受到無助與沮喪的初始經驗。

這樣的孩子，也會較缺乏好奇與自尊，也可能較為被動。因為他會經歷到，反正怎麼活動、呼叫都引不起誰的注意，我就靜靜的一個人好了。

如果孩子在幼童時期，很少透過主要照顧者來進行情緒調和（意即透過主要照顧者的情感撫慰與情緒回應，而將不愉快情緒平復，感覺到安慰），孩子便會在後來成長過程缺乏調節情緒的能力，並且，即使成人了，也無法照顧與撫慰自己的情緒。

那麼，在陪伴中就會發生兩種情況，一是當這樣的個體，因為缺乏情緒調和經驗，而產生諸多情緒與生活困難，他就會需要有一個新的敏睿陪伴者與陪伴關係，來反應他的內心情感與情緒需求，以使他感覺到被了解，而產生被滋養的安慰感。

若是，他依然感受到像過去無數次被照顧的經驗一樣，被忽略感受，被否定感覺，只是繼續被指責與批判不對的行為，他會持續的感受到對關係的失望、憤怒、悲傷、挫折，而重複的使用過去舊的反應來經驗這一份新的關係。

缺乏被關愛的陪伴者……

另一種可能發生的情況是，沒有被善加對待的孩子，缺乏被敏睿照顧經驗的孩子，在成人後，成為一個陪伴者（助人者）。那麼這個陪伴者不必然就懂如何陪伴，通常一開始，都是以過去自己被照顧的經驗，理所當然的使用到另一個人身上。

他因為早年缺乏情緒調和經驗，對情緒的撫慰一無所知，而對情緒採取了負面的看法與對待方式，只能用不斷說教，與不斷指責及建議的方式進行陪伴與照顧，這是他最熟悉的方式。而他絲毫感受不到，這樣的方式有何不妥，這是多麼理所當然，因為大人給他的，就是這些。

只是，以指責當安慰的方式，以說教當照顧的方式，常常是造成兩方的對立與緊張，或是造成對方不一致的反應，表面上同意，但轉個身卻對關係充滿不滿與憤怒，而採取消極對抗，像是說了許多：「是，你說的是，可是……」，「我知道，但我做不到」，或是一直停留在解釋「都是因為……才會造成我……」。

因此，即使成為一位照顧者或陪伴者的身分，他仍然會重複經驗到對關係的失望、挫折、無力與憤怒。

甚至，無論是被陪伴者或陪伴者，都會感覺到厭惡關係，很想切割掉關係，從關係中撤退，或在關係中攻擊對方。

鬆動你的自我防衛

在我們的生活經驗中，許多人對於被接納的感覺都感到狐疑與陌生，習慣在自己與他人身上看見不好之處，並且，把那不好之處等同於我這個人或你這個人。有些時候，這些不好之處會被不斷放大，不斷強化，原意本在矯正你，讓你符合主流標準，卻在無意中，你為了避免再被人辱罵與責備，在心中放了一把堅固的尺，用尺評量著自己，也用尺評量別人，永無止息。

漸漸的，對人不再包容，也不知如何接納，更沒有愛的感受。生活只剩下要求、評判、指教。一點也看不見人好的面貌，無法肯定自己與他人的生命價值，也無法接納人存在的獨特性。總是以自己的標準去評價與批判這世界的人，是無法愛這世界的。在他心中，只有維持他眼中的秩序與規則是最重要的，他無法真正的關心人、陪伴人。

做一個敏睿的陪伴者，是將所陪伴的對象視為一個重要的主體，專注的觀察，敏睿的提供情緒回應，在情感上有所連結與回應。也要能讓被陪伴者感受到一份接納，相信在陪伴者眼前的他不是一個一無是處，不斷被放大錯誤，不斷被評價與標籤的人。

創造正向陪伴的美好

正向的肯定回應，是敏睿的陪伴者重要的能力。能看見他人正向價值與值得欣賞之處的人，就像是在厚疊的灰塵中，能夠看見被灰塵所覆蓋的物體本質的美好價值。又像你若認得一千元的價值，即使一千元被抹髒，被摺揉，被遺落在某角落，但當你發現它時，你會知道它所具有的價值，是沒有任何折損的。

對一個敏睿的陪伴者而言，他透過自己回應一個正向感覺給被陪伴者。透過正向感覺，他讓被陪伴者感受到他的凝視，從中體會到一份無條件的尊重與接納，還有值得被愛的感受。

當陪伴者能傳遞出正向感受給被陪伴者時，他們才有了正向關係，再透過此正向關係，讓被陪伴者重新經驗到被照顧的滿足與滋養。

如果一個陪伴者，過去早期生命並沒有一個撫慰性的敏睿照顧者存在，那麼就沒有了典範，也無法懂得究竟要如何照顧一個生命體才是適當的。這時，需要從培養自己的撫慰力量（母性力量）開始，對自己仁慈，接納自己，理解自己的需要，看得見自己，並感受到自己心的感覺。因為自己內在便有一個不斷遭忽略，不被認可感受，不被聆聽的內在小孩存在，始終被自己嚴苛與惡言惡語的對待。若能重新體驗撫慰，便能重新了解一個好的對待與好的照顧是什麼意涵。

如果可以，也讓自己經驗被陪伴與被撫慰的感覺。透過自己先被照顧的經驗，開始建構或改變自己的照顧方式，學習以敏睿、貼近的方式照顧生命。

也別忘記發揮一些創意。好的照顧並沒有公式，就像任何一位母親都需要摸索與學習照顧不同孩子的方式。尋找什麼是對孩子最適當的照顧時，是需要母親發揮自己的潛能與創意，來了解自己孩子的需要。只有一套方法的照顧模式，也許對其中一個孩子適合，卻未必適合另一個孩子，孩子都有自己的天性與獨特氣質。也許第一個孩子好帶，容易感到滿足，而鮮少出現情緒不適的反應，母親可能有較多空間給予孩子更多的訊息與期待。但第二個孩子卻不必然相同，也許第二個孩子面對外在刺激感覺到較多情緒上的不適，天生性格較內向與害羞，或較易緊張，都可能改變母親的教養與照顧方式。因此，母親就需要摸索出不同的策略與途徑來接觸孩子，讓孩子接收到母親的安撫與安全保證。

陪伴者也是如此，必須將所陪伴的對象視為不同的個體，有不同的特質與性情，也有不同的需要與生存方式。在照顧與陪伴時，便要調整自己的步調與習慣性的方式，不把任何方式視為唯一方式，總是願意再嘗試一些不同的方式，來傳遞關懷與安慰。

一個敏睿的照顧者並不容易，他需要先能滿足自己。在一些依附關係的研究顯示，一個能夠感到滿足、感到快樂的母親，她較能為孩子建立安全與穩定的依附關係。若母親處在挫敗與悲傷情緒中，無法知道如何平復心情，也無法透過關係感到滿足，她將讓孩子感受到一種母親若即若離的不安全感，與關係的不穩定性，而深感挫折與恐懼。

一個陪伴者雖然不及母親角色的重要，但照顧的本質卻是相似的。陪伴者需要先懂得如何照顧自己、滿足自己，當他感受到關係中的愛與滿足時，他才有能量與能力給出自己，陪伴他人，而不會感到犧牲與厭煩。

第九課
陪伴者的自我關愛

每一個陪伴者背後，其實都需要另一個陪伴者。唯有陪伴者的後面有後盾，有支持與陪伴，陪伴者才能有能量與活力繼續的付出與供應。

陪伴者若要樂於陪伴，必須源自於他是一個懂得如何滿足自己快樂與需要的人。因為他懂得滿足、回應自己的需要，也懂得如何讓自己感受到愛，於是，他會深刻的理解別人也有想要獲得滿足的需求，也能相信幸福與快樂是真實的感受，是能從充滿關愛的關係中獲得，不是只能想像，也不是奢望。

因有愛而付出

如果一個陪伴者在自己的生活中，能實現也能體會受關愛的感受，那麼在他的經驗中，便累積了有品質的陪伴經驗值，不是想像、模擬，或演練，而是真真實實就在他的生活中被實現了。那麼，他所傳遞出去的陪伴便能再創造這樣的品質。

但許多情況是，一個沒有被好好關愛、沒有被愛滿足的人，成為一個照顧者或陪伴者，不能選擇與拒絕的情況下，就開始要為他人付出關愛。

這就像是掏空，本來便已缺乏不足，還不斷的支出，終將會讓一個人的身體與心靈感受到嚴重的失衡，而產生諸多的困擾與關係糾結。

最常聽到的就是：「我都為你做成這樣了，你還在怨我什麼？不滿意我什麼？」因為在關係中不斷的給，不論對方究竟要什麼，不顧一切的把自己僅有的給出去，卻仍是得到對方的失望回應與不滿，此時的付出者、陪伴者感受到太多的無力無助與無能感，因而充滿攻擊，或選擇遺棄。

有時候當陪伴者的狀態已是疲憊厭倦，也失去生命的活力與熱情，若因為責任再繼續付出，那麼陪伴者在咬著牙撐著的同時，他不僅不允許自己的限制存在，他也不會允許所照顧對象的限制存在。

「我自己那麼累都還在努力，還在付出，你怎麼可以說自己不行與不能？」很多被摧殘得精疲力竭的陪伴者、照顧者都說過這樣的話。

一個人不允許自己可以被照顧，也深信沒有人會照顧他、理解他，他也就無法給出真正的照顧，並且，不允許別人可以得到照顧。

想想我們幼童時期的經驗，當我們想要有一個大人可以陪伴時，大人們常說：「去去去，自己玩，我有很多事要忙。」或是：「你怎麼這麼麻煩，可以不要一直吵嗎？」

我們因此學會忽略自己的需要，也否認自己需要陪伴，然後努力的將自己變堅強一點，心想：只要堅強得不需要別人，我就不會被討厭或被拒絕了。

漸漸的，我們以為需要人陪，是一種弱者的表現；以為需要別人的關愛，是一種不可取的私慾。我們變得不敢說出自己的需要，也不敢承認自己的渴望。

擁抱善待內在的小孩

在我的工作經驗中，我發現，一直以強勢逼迫的方式要自己撐起生活責任，不允許自己喊苦，也不允許自己示弱的人，對於幼年的孩子，常是表現出沒有耐心、厭煩，並且釋放一種不允許孩子是孩子的訊息。例如：孩子才七歲，剛上小學，卻對孩子說，你已經長大了，不能再像以前一樣哭哭啼啼，要自己照顧自己，不能再什麼事都需要大人。

要孩子趕快長大的訊息，會出現在過去自己是不被允許是個小孩的大人身上發生。對於孩子需要被陪伴，這些大人明顯的表現出不耐煩，以及孩子都是不可理喻的小惡魔的態度。他們跟孩子的距離遙遠，能離多遠就離多遠。他們不知道要跟孩子說什麼，也不知道該如何互動。

對某些時刻，一個需要被陪伴的人狀態就有如一個孩子；沒有安全感，不知道該怎麼在環境中自處，感覺到自己的無助與脆弱，想要有一個強大的依靠者出現。這樣的時期不一定很長，卻或長或短會經歷這樣的過程。

所以，陪伴者在陪伴的過程，會接觸到一個人猶如孩子般的狀態。這並不表示對方一定失去了成人的認知功能，或失去了現實感，而是人在脆弱無助時，情緒會回到我們孩子時所經驗到的危險與恐懼記憶，喚起過去那些感覺。

陪伴者此時就猶如一個照顧者或撫慰者，辨識及回應對方的情緒，給予一些正向的情感支持、情緒理解，加以調和對方所經歷的負向感受；並且，給予耐心的聆聽，容納各種情緒的表達，慢慢的協助對方疏通與梳理自己的情緒。

在給出這樣的陪伴歷程前，陪伴者自己也一樣需要被這樣的陪伴與照顧，才能深刻的理解人心的需求，與人性的軟弱與限制是什麼。

害怕「被照顧」的處境

我常常在台灣各地的助人單位行走，有專業助人機構，也有半專業助人機構，也有志願服務組織，當我在接觸，或是進行訓練或督導時，時常會發現瀕臨耗竭與崩潰邊緣的助人者極需要被關懷與被照顧，當我和他們談及他們的處境與被照顧的需求時，常常聽到的回答是：「這樣好可怕，如果我去找諮商機構談，大家都會傳來傳去，我會被認為是沒有能力、有問題的人。」或是：「我自己就是學輔導（助人），我都知道會談什麼，也知道自己的問題在哪裡，我想找人談對我來說不會有幫助的。」

在這些回應裡，我聽見了恐懼自己的無能，與拒絕處於「被照顧」或是「示弱者」的位置。

看看我們社會需要被照顧的人，那些身患疾病的病人與老人，那些需要被協助的孩子，他們是否真的被好好善待，是否真的被尊重他們需要被照顧的需求。還是我們內心常泛起一絲同情與憐憫，覺得那樣的生命處境好可悲，好可憐。

如果我們常同情、覺得被照顧者是可悲的處境與形象時，當我們需要被照顧時，就會抗拒與拒絕接受自己是有所限制，是需要別人的，也抗拒自己成為那樣的形象。

就如我在本書一開始所說的，我們的被照顧經驗往往是不好的，我們是在數落中、嘲笑中、厭惡中、批評中體驗被照顧的經驗，無助與脆弱者在父權社會中是沒有競爭力的東西（意指沒有人權）。我曾聽過有人告訴我，他小時候的經驗就是老被家人喊「沒有用的垃圾」、「沒出息的傢伙」。

當我們社會在談校園霸凌，在談校園中的關係霸凌，我們其實忽略那些孩子的行為表現往往是來自家庭霸凌，在我們的家庭中，也常有父母運用關係來霸凌無地位與無權力者，透過結盟與排擠來邊緣化家庭中不合群與我們視為異類的家人。

校園是社會的縮影，社會有什麼樣的家庭，社會中有什麼樣的人際互動，我們的校園當然是避免不了。

再說回被照顧的經驗，因為過去被照顧的經驗是如此不好，過去是那麼的被羞辱與嘲笑，慢慢的，個體放棄成為一個需要被照顧者，而是要成為一個強勢、堅強者，以為只要自己能夠一直強，就不會有一刻會落入再需要別人的處境。甚至一些少部分的人，寧可選擇維護強者的尊嚴，寧死也絕不求助與求援。

承認自己需要被照顧並不是弱者的表現，反而是勇氣的表現，願意承認自己有所限制。這份承認不是耍賴，而是從心底湧起的一份明白，知道自己無法單靠自己存在，承認自己需要被愛與被關懷、被支持與肯定。

然後願意回應自己的需要，不再漠視，也不再打壓，願意負起責任為自己尋求所需的照顧與陪伴，透過適當且正當的方式。

這是承認陪伴者也是一個生命、有機體的事實，而不是工具與機械。

陪伴者也需要後盾

身為「陪伴者」，只是某些生命的時刻，不是生命的全部。大部分的時候，陪伴者也有自己的家庭、家人、朋友，有自己的工作與事業，有自己的煩惱與掛慮，有自己的身體和精神心靈，他仍然走在自己的生命軌道上，有自己的生命階段與發展，如果要面面俱到，並且不認輸的凡事只靠自己，將會處在一種緊繃的狀態，不容許事物不在掌控中，也無法承接突如其來的變化。因為過於緊繃，與過度勞累，生命的熱情與動力會漸漸消失，只感到每一天拖著沉重的步伐硬撐著，有一種欲哭無淚，不知道從何說起的無奈感。

一個無奈的陪伴者，與一個有生命力的陪伴者，陪伴的效果是截然不同的。

可惜的是，有時候不只是個人不允許自己可以得到照顧與關懷，而是一個組織（機構）的文化也釋放不允許的訊息。有不少助人機構也給予助人者超過負荷的工作要求與工作量，當工作者處在耗竭與身心俱疲的狀態時，工作崗位的帶領者說出的話語也是呈現不允許被照顧：「別人都行，你為什麼不行？」「你這樣就需要調整與休息，那我呢？」「你只想到自己，不知道會連累別人嗎？」

不允許休息與不允許被照顧是社會慣有的訊息。為了保有一份工作，或維持別人的期待，我們不得不認同這樣的文化才能生存。只是，這是惡性循環的過程：一個不被照顧與關愛的陪伴者（照顧者）需要關懷，卻無法關懷那些需要被關懷卻無法感受到關懷的被陪伴者，於是陪伴者與被陪伴者兩人之間都是挫折、憤怒、無奈，與更多負向的感受，陪伴者將更疲累，被陪伴者將更失望與挫敗。

每一個陪伴者背後，其實都需要另一個陪伴者。

唯有陪伴者的後面有後盾，有支持與陪伴，陪伴者才能有能量與活力繼續的付出與供應。

但陪伴者必須先調整自己的認知概念，不再不合理的期許自己永遠保持在一個理想完美的狀態，也不再對自己苛刻，總是要自己不讓他人失望，不讓他人落空。如果一個人根本沒有存款了，卻還說需要一直支出，那麼，他的不斷支出將會變成什麼後果，這是我們需要想想的。

淨化，並與愛同在

一個陪伴者也需要常常更新自己的心靈，清掃自己心理空間的塵埃。陪伴者透過自己承接他人的沉重且具有傷害性的情緒，是一種分擔，藉著自己的承接，將那些情緒放在自己身上，但不是這樣就結束了，而是一個陪伴者需要淨化這些情緒，透過自己愛與良善的力量，轉化這些沉重且傷害性的情緒。然後將好的正向情緒能量傳遞給對方，進行了情緒的調和與撫慰。

所以，若只是承接，而沒有後續淨化與轉化的能力，那麼陪伴者會被沉重且具傷害性的情緒傷害，造成了替代性創傷。嚴重的情況，可能破壞陪伴者的信仰、世界觀，對人世的看法，對人性的觀點。陪伴者除了需要謹慎以對自己所受的影響，與後續作用，也需要為自己保留時間淨化自己的內心空間，為自己放下一些過重的壓力與情緒負荷。並且，回到自己的內心溫柔中心，以內在溫柔力量擁抱自己。

不論你相不相信有神，我們靈性的力量都具有神性，連結我們的神性，也可以讓人感受到有超過我個人以外的力量與智慧在運行整個宇宙，然後祈禱這份神性使你安穩，不再失衡與失去和自己生命的連結。

在我的專業助人工作生涯，我時常都默唸一首尼布爾祈禱文[3]來面對工作的責任與情況：

神啊！求祢賜我寧靜，去接受我不能改變的，
賜我勇氣，去改變我能夠改變的，
更賜我智慧，去分辨什麼是能夠改變的，什麼是不能改變的。

在禱文中，我期許自己勇於面對，也期許自己有神的寧靜與平安，去接受與放手我所無法改變的，自己也願意學習更大的智慧去分辨哪些是我能夠再努力，哪些是我需要接受的。

更進一步，我期許在我手中的助人工作，能讓我接觸到需要愛，也願意以愛療癒自己的人。愛，是我內在不變、靈魂所信任的真理，也相信愛是普世人類共同需要的滋潤泉源。能藉著一份工作與專業角色將愛傳達出去，並以愛為治療工作的源頭，是我體認到最重要的意義與信念。

因為相信愛的存在，也信任了愛，我與當事人之間，便能以愛為基礎，真誠與誠實

的面對內心世界的混沌與黑暗，然後慢慢的一同摸索光的方向，重建內心的次序與對生命的核心信念。

這一份對愛的相信，來自於我生命的體驗，我被愛消融，被愛撫慰，被愛療癒，因為我經歷過，體會過，我所付出的便是我豐富的能量。很奇妙的，當我以愛與被陪伴者同在時，他們因為感受到愛，而學習以愛接納自己，與自己親近，並以愛回應我的愛。於是在陪伴關係中，我們一同被滋養了，一同領會愛的流動與關係中的滿足與喜悅。如此，也將創造更有療癒性的關係與環境，而不再只是在關係中耗竭。

陪伴者，請容許自己的需要，容許自己被陪伴，也容許自己可以與愛同在。

讓陪伴也在自己生命中發生，也溫暖自己。

❸Reinhold Niebuhr（1892-1971），美國神學家，對當代思想具重要影響，美國總統歐巴馬稱其為「最喜歡的哲學家及神學家」。

第十課
陪伴類型

每一個我們所陪伴的對象，都是最好的老師，教導與磨練我們學會好的陪伴與關懷是什麼。

陪伴，需要許多的經驗累積，但在累積經驗的過程卻往往充滿著許多疑惑，不確定這樣做是好的嗎？那樣做是對的嗎？

陪伴者所需要的除了一些課程與訓練之外，自己的摸索與建構對陪伴的理解與概念是同等重要的。即使是詢問專業人士（專家），都不一定能完全進入你和被陪伴者之間關係的歷程與脈絡，來深入了解你遇到的陪伴議題。

陪伴的功課

陪伴者可以將自己視為一個觀察者與研究者，觀察與研究在面對不同的對象、不同的議題、不同的問題背景、不同的處境、不同的關係角色，要如何的建立關係，又要如何的進行陪伴。

其實，每一個我們所陪伴的對象，都是最好的老師，教導與磨練我們學會好的陪伴與關懷是什麼。但這必須建立在一個願意成長與持續學習的陪伴者身上，他才能願意以開放的態度接受新的經驗與新的挑戰。

許多時候，冥冥之中似乎也會有所安排，知道陪伴者需要開拓什麼思維，需要改變什麼態度，或是需要再更深入學習特別的議題時，就會有引導陪伴者進入學習歷程的情境或對象出現。

如果你願意接受陪伴能力的修練，便要開放心胸去體驗與感受。當然免不了有害怕的時候，有冒險的感覺，但是你仍可以去學習，去勇敢經驗這些過程。當你真的進入陪伴關係，你會發現，人有太多值得你接觸與了解的層次，人其實非常的豐富而迷人，人真的有獨特性，你真的找不到一模一樣生命故事的兩個人。

因為如此獨特與豐富，沒有一段陪伴關係可以再複製，每一段陪伴關係都是獨特存在的，都是需要重新建立、摸索與調和的。

人，是奇妙的創造，有著複雜的構造，也有許多不同層次的需求。對人越能有完整的了解，所能陪伴的層次就能越細緻。而不同的生命階段與生命議題，陪伴的過程所要注重的細節與重點會有些微差異。我分出九個特殊類型的陪伴，來加以說明與分享：

◎身心的陪伴方面，可能陪伴一位需要被照顧身體的病人，一位因為身體的因素而影響心理的人，透過陪伴，使他們體會一份安心、安全與溫柔的善待。或是，協助他們與自己身體的感受連結，進而覺察心理的狀態與意識。

◎深度陪伴是一種超越語言的陪伴，也可說是靈魂的陪伴，一份在內在深處的療癒陪伴。這樣的陪伴不是透過技巧，而是透過陪伴者生命的厚度與能量，連結與滋養被陪伴者的生命。

◎自我陪伴是任何陪伴關係的基礎。自我陪伴是與自己連結，深刻懂自己的需要，聆聽自己的聲音，並且願意將自己視為一個想要親密的對象，滿足自己。當個人可以成為獨立完整的個體，他便能在關係中保持自我的完整性，也促成他人發展獨立完整的個體。

◎失喪者的陪伴，是陪伴遭遇失落、失去者。這一份失落，可能是關係與愛的失落，可能是希望的失落，可能是一份投注許多心力的目標的失落，無論有形或無形的失落，都需要有足夠的支持與陪伴，才能走向穩健的重建之路。

◎憂鬱者的陪伴，是指陪伴有憂鬱情緒，甚至有憂鬱症診斷的病人。憂鬱裡也有失落的部分，但憂鬱有更多的無望感，與自我否定感，也會對生命感到乏味而想要放棄生命。在憂鬱者的陪伴中，有許多陪伴者需要了解的概念。

◎憤怒者的陪伴，是許多人感到害怕與不知所措的情況。對於憤怒，幾乎每個人都經驗過威脅，甚至有些人被憤怒的情緒傷害過。憤怒因此被視為一種很難面對與因應的情緒。於是，憤怒者總讓人感到想迴避，也不禁感到恐懼。

◎對孩子的陪伴，需要內在保有赤子之心的人，陪伴者能夠以自己的內在孩子的特質與之互動，或是遊戲。但也需要兼具照顧、撫慰能力的父母狀態來回應孩子的需要，陪伴他們理解自己的狀態、調和與分享他們的情緒。

◎對老年人的陪伴，需要注意老年人的生命階段所帶來的衝擊與調適。生命近黃昏的心情是需要陪伴者的沉靜及緩慢，才能體察與理解的。

◎伴侶的陪伴，其困難之處在於伴侶既是親密者，也可能是衝突者，而兩個親密的人也代表兩個人的需求與狀態，都會在關係中牽動及影響彼此。當各自都有表述，各自都有主體意識與感受，要能陪伴對方便成為挑戰，是需要充分學習及練習的功課。

身心的陪伴

每一個人，若沒有意外，我們其實最早所得到的安撫是從身體感受到的。從肌膚的撫觸、身體的擁抱與撫拍，讓我們來到陌生世上的恐懼與不安有了依靠的安全感與溫暖。

當我們還無法言語，無法確切的透過語言來與人產生互動與連結之前，我們是透過身體的靠近與擁抱，來感覺自己不是孤單一個人，身旁是有人照料與關注的。

若是愛的感覺，身體必能溫柔回應；若是暴力的感覺，身體也必有強烈抵擋。

許多人忽略了身體的感受，任意的大力碰觸身體，與不加以尊重的侵犯身體，如此都將使身體記住他被對待的方式，而開始不信任環境與世界。

一個感受到危險、壓力的身體，會處在緊繃焦慮狀態，難以放鬆與自在，他的心理必也會感到一種急迫感與束縛感。這時身體所激發出的戰鬥激素，會讓身體經驗到強烈的不舒服與衝突感。有些人會被這樣的不舒服感擺佈與左右，無法找到與身體和平相處的方式。有些人對於這些身體的感受，採取切斷連結，迴避感受的方式，遠離身體的感覺，讓身體任意被對待與使用。

身體若是被傷害過，或是情緒被傷害過，往往一個人也會懼於再與人靠近、親密。在他的經驗中，太靠近意謂著被傷害，也意謂著有危險，保持距離便成為一種維護安全的方法。

身體與情緒是大大有關聯的，是完整個體的一部分。身體一旦受到刺激，或是情緒被激發，無論哪一種路徑，都是相互影響。例如：身體感受到壓力，情緒就會緊張；反之，情緒若感到焦躁不安，身體便會有心跳加快、呼吸急促、感到口渴與難以安靜的反應。

情緒和我們的感官是緊密連結的。透過感官的接收，身體接受環境的訊息與刺激，而將這些訊息傳遞至大腦，在大腦情緒中樞的位置便會透過杏仁核與海馬迴，來提取相關的情緒經驗與記憶，好回饋生命體這些訊息該要有什麼立即的行動反應。

如果身體獲得舒適和友好的對待，感官也會傳遞訊息給情緒中樞，而產生愉悅與滿足的正向情緒回饋。

因此，在身體的陪伴時，像是對待長期臥床久病的人，或是行動需要被扶助的人，都需要關注他們身體所接收的訊息是否讓他們覺得安心。一些不留意的動作，都可能傳遞一種暴力與漠視的訊息。過去，我在醫療臨床工作或長期照護單位工作，常見到身邊的照顧者以一種「厭惡身體」的態度在照顧病人的身體。這是矛盾訊息，照顧者表面上是擦拭清潔身體，或是拍背、按摩，但眼神不注視，只是讓自己機械化的反應，所呈現的碰觸是隨意或馬虎的。有些人在歷經這種照顧方式後，黯然落淚，然後責備自己就是命不好，就是弱勢，所以才要忍受這種對待。

即使只是身體碰觸，都包含著心意。

就像我去髮廊洗頭，我特別會感受洗髮服務者的力道，從力道去體會這個人對自己工作的熱忱與尊重。有些服務者將所洗的頭就只當「頭」，就像過去在模擬洗頭的假人頭一樣，沒有感情，也不視為一個「人」，也就不關注對方的感受，自然也不會呈現愛護對方的態度。

相反地，有些服務者力道溫柔，以語調與語句安撫人的心情，並引導人放鬆，在過程中，不僅提供照護頭髮的資訊，也隨時關注客人非語言的反應。服務者表現出對自己工作的用心態度，也獲得人的安心與信任。

這樣的例子到哪裡都一樣。醫療場域的工作者也是，若以非語言的訊息讓人更恐懼身體檢查，會造成病人身體更多的阻抗。若是能接觸，並以人與人的互動方式，給予一些輕柔指引與輔助，那麼會讓病人感受到支持，願意安心依靠。

在照顧身體時，溫柔的輕觸，相當重要，能幫助個體心理獲得自尊，也能體會被愛護的感覺。

關於心理方面的陪伴，重點在於情緒的辨識、理解與回應。

陪伴者須對「情緒」有正確的認識與了解。包括情緒對人的重要性，及機制、功能所在。我常說，若情緒毫無功能可言，那造物主直接不要創造這部分就好了，既然被創造，一定有所用處。而事實證明，有情緒活力的人，較有創造性，也較能和人建立情感關係，如果運用情緒得當，可以進行許多透過情緒才能完成的工作，像是藝術表演者、藝術創作者，甚至作家、文案創作者，都是須以情緒深入摸索，再表達出可讓人共鳴與連結的創作品。而有情緒能量的人，往往行動力也強，因為情緒是推動行動不可或缺的元素。

情緒也能推動想法，如果一個人的情緒不佳，感覺到失落或空虛，他也較容易產生負面的想法，像是：「我真是失敗」、「這世界有我沒我都沒差」、「沒有人真的關心我」等。若一個人情緒放鬆，能感受到較多的樂趣與愉悅，他的想法也會跟著充滿希望：「我相信我可以實現自己的計畫」、「我認為生命還有許多值得體驗的經驗」、「我感覺到希望無窮，生命充滿可能性」。

因此，在心理陪伴中，首要的不是認知上的調整，也不是想法上的更正，而是情緒感受的回應與了解。當充分的接觸情緒後，便以情緒為主題去延展許多與情緒有關的過去經驗，與情緒的發展歷史。

也就是所謂的與情緒對話的歷程。

陪伴者不能將情緒視為一個多餘的東西，也不可將情緒汙名化，及過分的貶抑。而是要將情緒視為一個「小孩我」的發聲，視為一個有機體，有歷史的生命。

我們可以參考敘事治療的外化技術（有興趣者可以閱讀敘事治療的專書）。敘事治療的外化技術，所要闡明的重要觀點是，當人被視為問題，人與問題緊密相連時，人就對問題無能為力了，「因為我等於問題，問題就是我，我能拿自己怎麼辦呢？」

此時，人會因為無能為力的感覺放棄去處理問題。

但是，如果問題就是問題，問題是在人之外，那麼問題就可以被我們討論、被我們處理，也可以讓人學習如何面對。所以，情緒的問題就可以被關注，被了解，被討論處理與面對的方式。以下是我陪伴人與情緒對話的其中一段過程：

我：「現在，請你說說讓你感到困擾的情緒是什麼呢？」

對方：「我最近常感覺到憤怒，看到人就會有莫名的情緒，很想叫人閃開，離我遠一點。」

我：「你可以多說一點關於這種情緒會帶給你什麼樣的影響，或造成的困擾嗎？」

對方：「我覺得我會被人不喜歡，我也很擔心會傷害別人，我不知道什麼時候我會控制不住的真的大罵出來。」

我：「這種憤怒的感覺，連帶的引發你的恐懼，好害怕自己會失控的造成自己或別人的傷害，是這樣嗎？」

對方點頭：「這種憤怒的感覺會讓我自己感覺害怕，我好像變成一個我自己都不認識的人。」

我：「那你願意讓這個憤怒的情緒說說話嗎？好讓我們一起了解它想要表達什麼？」

對方：「可以啊！我也想知道。」

我：「這個憤怒，如果它有個名字，你會想要稱呼它為什麼？」（此時，已在外化。）

對方：「……暴君吧！」

我：「好，那聽起來，暴君似乎跟你不是很熟識。因為你說你會對它感到害怕。」

對方：「它存在很久了，只是它一出現，我就會很害怕，很想要叫它消失。」

我：「可以辦到嗎？如果你請它消失。」

對方搖頭：「不行，好像越想叫它消失，它出現得越激烈。」

我：「它似乎讓你束手無策。那它是何時會出現？它又是如何讓你束手無策呢？」

對方：「我也不確定，好像它總在我一天工作結束時，又臨時接到緊急需要處理的事時，它就會跑出來。」

我：「那你如何對它束手無策？好像你無法控制它要不要出現。」

對方：「我那時候就呆住了，腦筋一片空白，有一種想哭的感覺。」

我：「所以，暴君的出現，你已經管不著了。你聽起來已經沒有力氣再有任何反應。那暴君的出現，似乎想表達什麼？你猜猜看，它想說什麼？」

對方：「它或許想說，又來了，為什麼總是在下班時刻又有一堆事跑出來，就不能明天再辦嗎？這樣辦下去，誰可以下班！」

我：「聽起來，暴君很為你打抱不平，很想要替你說話。」

對方：「好像是。現在感覺起來很像我需要有人為我說話。」

我：「那你想，如果你多做些什麼反應，暴君也許不需要這樣出現，替你抱不平？」

對方：「如果我可以承認我需要休息了，也可以告訴對方我明天再處理，都會好一點吧！」

我：「所以如果你可以尊重自己當下的需要與感覺，也許就不需要暴君出現，來讓你感覺到自己的感覺。」

對方：「現在感覺有點對不起暴君，暴君想要我為自己著想一點，我卻覺得它是破壞者。」

我：「那現在的你會想跟暴君說什麼呢？」

對方：「我想說，我不確定是不是能馬上為自己說話，但我想如果暴君再出現時，我可以告訴它，謝謝它為我打抱不平。」

我：「聽起來，你和暴君之間，建立了不同的關係囉！」

對方：「嗯！現在讓我覺得它不再是可怕的。」

如果建立好信任關係，對話的過程，會呈現出來龍去脈，也會讓當事人對自己的情況或問題有不同層次的看見與覺察。在心理陪伴的過程必須先把對錯好壞判斷放下，先試著完整聆聽對方的心聲，也就是他的感受，與對這些感受的另一層感受（像對憤怒的自己感覺到羞愧或害怕），並陪伴對方了解自己的感受之所以引發的可能原因及需求。

完整的聆聽，對心理陪伴工作而言，是非常重要的基礎。如果在聆聽時，是不耐地裝滿許多自己主觀的想法與判斷，那很容易在聆聽的過程就認定對方問題的所在，並亟欲點出對方問題「應該」怎麼處理與解決，這種情形下，往往是偏頗，或是帶有自己太多過去經驗的投射與想像。如此，會錯失對方真正所要表達的情緒，與想要表達的想法。

陪伴者也要試著去辨識對方真正要的是什麼。特別是「時機」的問題。有些話不是不能回應，而是時機不對。在恰當的時候做出恰當的回應是很重要的。如果對方還沒有足夠條件成長到突破他的困難，與改變他的情況，那麼陪伴者就需要去關懷與了解可能的因素。

像是當我在陪伴遭遇失喪的人時，我不可能在第一個月、第三個月時，或是半年時，告訴他放下、放手，不要再悲傷了的話，因為那是一種不理解的殘忍。也不可能對一個面對親人意外喪生的失落者在很短的時間下期待他要看開，或是原諒肇事者。這些期待與看法，常常都是那些不是身歷其境的人想出來的「高理想」。這些「高理想」常是脫離現實情境，也選擇遠離失落者的需要，拒絕貼近他們的心境。

如果失喪者還無法完成哀悼，還沒完全抒發悲傷，並且有許多尚待適應的生活處境，此刻，要他們結束悲傷或改變自己，堅強迎向未來，就可能變成一種要當事人壓抑的狀況，指責了他們不該悲傷。

心理上的陪伴，最容易發生這種衝突：給出當事人目前不需要的回應（像是建議、分析、評價），無法給予當事人目前最需要的支持、安撫與同理。

如果無法靠近一個人的心，又怎麼可能陪伴得了心。

而心的意義，就是指情感、感受與內在需求。這是陪伴者最需要接觸與靠近的所在。

陪伴者與被陪伴者之間，必須要能建立正向的關係，有正向的情感回饋，有正向的互動關係，才能讓被陪伴者經驗到關係的和諧與滋養，在陪伴關係中，被陪伴者才能一步一腳印，穩紮穩打的成長。

深度陪伴

深度的陪伴是超越語言，超越理智可分析的。深度的陪伴是靈魂的陪伴，是潛意識的陪伴，也是內在心靈傷痛的陪伴。

如果一個陪伴者只運用認知理智想要分析出問題的原因，然後迅速的給予所謂解決問題的建議，那麼這是意識層面的互動。在更深一層的潛意識，兩人並沒有接觸，也沒有連結。

這就好像陪伴者走進被陪伴者的屋子，本想要更深入的了解他，卻只停留在客廳區，始終看見最好的一面，與最佳的樣貌。陪伴者只是禮貌的在客廳區坐下，對客廳擺設做了些許建議與看法，就與對方告別了。陪伴者沒有機會深入被陪伴者不為人知的地下室，甚至地下好幾層的空間，好能更多的認識他生命的歷史與那些深藏的回憶。因為被陪伴者沒有真正信任陪伴者，沒有打算放下防禦，帶著陪伴者走進那些最重要，卻鮮少被看見與整理的深層潛意識空間。

「防衛」絕對是進入深層潛意識的阻礙，防衛的目的是保護當事人心理的安全，避免經驗到危險、脆弱與破壞。如果當事人沒有準備好走進自己的深層潛意識，或還不足夠信任陪伴者不會傷害他，那麼，這防衛機制便會豎起，毫不鬆懈的防禦任何入侵者。

如何能夠建立信任與安全的親近關係，是深度陪伴者必須要思索與磨練的關卡。如果衝突對立性太高，陪伴者的回應方式超過被陪伴者可以接受與理解的範圍太大，那麼個體必然會激起防衛機制，因為他會感受到外來的威脅，與一種被侵入的感覺。就像身體接收到不屬於個體的東西時，會產生異物感，而想剔除、排開。

只有當他願意，且樂意的邀請你一起走進他的深層潛意識空間，你才真的能夠成為深度心靈陪伴者。

所以，以挑戰與面質作為互動習慣的人，只會引起更多的防衛反應，而無法深入人的內在心靈。

當我們準備好要進入人深層的內在世界時，需要先有準備，將可能聽見一個人深藏已久的痛苦與傷痛，也許是過去被錯誤虐待、被遺棄忽略、被羞辱鄙視的經歷，也許是失去最信任的摯愛的強烈悲慟，也許是被背叛與欺騙的悲慘過程，無論是什麼經歷，都可能是靈魂最黑暗的時刻，

深度陪伴不是站在光亮之處，拚命地對著走在黑暗中的人喊：「這世界充滿光明，快走出你的黑暗」，而是拿著微微的火把或是燈座，陪伴同行在黑暗中。

心理治療學家榮格曾說，每一個人的內在都有一個孤兒原型，感受無人照顧、無人關愛，被遺棄的悲辛與孤寂感。當一個人感受到孤兒的心境越多，則哀傷累積得越深。

深度的陪伴也許並不能改變孤兒的經驗，與孤兒的狀態，但深度的陪伴則是為孤兒的靈魂療傷，滋養孤兒的心靈，讓孤兒感受到一絲溫暖。這也就是說，深度陪伴者是具

有撫慰力量的慈愛者，看見孤兒的孤寂，也聽見孤兒的哀傷，懂得孤兒的心境。

如果一個人不懂孤兒的心情，他也進不去心靈的深處，遇不見靈魂。

帶著意識層的認知想要判斷與分析，卻缺乏情感的撫慰與接觸，是無法聽懂靈魂哭泣的。

這當然也關係到一個人究竟能聽懂自己的靈魂多少，又能接觸自己的內在孤兒多少。一個人若是遠離自己的靈魂，自然也拒絕接觸他人的靈魂。

陪伴他人的同時，仍是考驗著一個人的自我陪伴的能力，兩者息息相關。

自我陪伴

很多人都曾跟我反映過，無法與自己好好的單獨存在。覺得孤獨的「一個人」，代表著一種可憐，沒人愛、沒人要。對於這樣的自己，真的感到自己很不可愛。

而許多時候，成長過程被強化要以美好的一面示人，要對外表現出樂觀、積極面，往往在獨處時，那些被壓抑下來的黑暗面，與自覺不夠好、不完美的部分，都會開始反彈，對自己進行大規模圍剿。

許多人內在都有一個「施暴者」無情而殘忍的否定自己、苛責自己。我聽過許多人對我說，他痛惡自己，根本無法愛自己。更不明白，到底什麼是愛？這些反應，正映照出他與自己的關係是疏離與拒絕的。

每一個人心中都有一個小孩，在我們成長的過程，這個孩子是以「情緒」的姿態展現。當情緒發生時，我們就會回到一個孩子的狀態，需要立即的反應與處理不舒服的感受。

對某些人而言，對自己的不舒服情緒，諸如那些不安、恐懼、焦慮、憤怒、悲傷、痛苦等情緒，感到強烈不知所措，一發生這些情緒，便急著立即找到另一個人來紓解，來解決，來安撫。找人紓解與安撫，對生命個體的早年生命階段而言，當然是免不了的，但他需要從被照顧的過程，一點一滴的學會照顧的方式，並安置於自己的內在系統，成為日後安撫與照顧自己的方法。

但因為某些原因，像是早年生命沒有好的照顧者存在，或是安撫的方式並沒有真正的紓解掉孩子的痛苦情緒，所以一個生命體，遲遲無法正確感受到被安撫的經驗，也無法從中學習照顧自己的方法。於是，他不斷的嘗試找到對的安撫者，反覆的透過他人的回應與照顧來討這個安撫。

但弔詭的是，若早年沒有充分被安撫、被照顧經驗的人，由於好的安撫經驗太少，而壞（令人失望與挫折）的安撫經驗太多，以致他們對好的安撫經驗所知不多，卻對壞的安撫經驗感知強烈，不斷收集到這些壞的安撫訊息，而更加的覺得自己討不到安撫，得不到照顧，不斷的將注意力關注在他人為何無法給出他們要的安撫，也就更難以學會照顧與安撫自己的方法。

這時，個體在無法有好的方式安撫自己時，便會以過去被對待的方式對待自己，即便是他所不喜歡也厭惡的方式，但他無選擇能力的再度複製那些不好的安撫對付自己。

就像過去那些不耐煩的照顧者：「哭什麼哭，吵什麼吵，有夠煩的，真想把你丟掉。」

就像過去那些沒有情感撫慰的照顧者：「閉嘴，哭和吵都是最無法解決問題的。」

就像過去那些嚴厲苛責的照顧者：「哭和吵是失敗者的反應，你要做一個強者，不准當弱者。」

於是，自己被自己拒絕，被自己厭惡，又怎麼可能可以陪伴自己？

自我陪伴，必須從一個「意願」開始，有意願為自己的需要負起責任，成為照顧自己本我需求的再生父母，而不是希求另一個人來充當這個父親或母親，把自己所有未滿足的需求再度的拋向此人，希望此人完成自己心理渴望的理想父母，不合理的剝奪他人完整獨立性的存在。

這個意願非常重要，是一個準備好轉化的意願，從內在無助的狀態，分化出一部分有能力回應自己需求的賦權❹狀態，來照顧自己。

這會遇到一個實際的挑戰，就是：「為什麼我過去得不到好的照顧，我一直沒有被好好對待，現在我還必須靠自己，自己給予我自己滿足？這是不公平的，這世界對我是不公平的！」

這其實是一個拒絕自己可以得著滿足的訊息，寧可等待，也不願意為自己所需要的滿足付出行動。

如果一個人的生命真的有所成長，他會了解，沒有人可以成為他永遠的照顧者，也沒有人理所當然的要永遠以滿足他為唯一目標，包括父母。他會真實了解，在這世上，只有自己可以是自己終生的陪伴者，也只有自己，是最能傾聽自己需求與理解自己需要的那個人。如果連自己都不願意傾聽，連自己都拒絕理解，也無法回應，那麼，更沒有一個人會無時無刻的投注關心，總是守候。

一個人生命成長了，他會願意為自己負起責任，去實現他真心想要的人生。

很多人都說過，他可以對人給出同理與照顧，卻無法對自己。如果是這樣，他所給出的同理與照顧並不是真正的同理與照顧，那可能是一份職責，一份符合他人的期待與眼光的要求，或是一份應該教條，而不是從心底長出的慈悲與對生命的洞見。

如果是一份心底長出的慈悲，這一份慈悲的對象會有自己，不會因人而異。如果是一份對生命的洞見，他所領悟的智慧會實踐在自己生命之中，也不會因人而異。

如果一個人懂得如何善待自己，與包容、接納自己，他會在別人的難處多些包容，在別人的限制多些接納，也在別人的困境多些善待。他會真正的懂得人與人性，也真正的認識了生命。

失喪者的陪伴

人生裡最大的失落，莫過於喪親。死亡是人生裡極重大的失落與壓力。死亡與分離所引發的感受：沉重、痛苦、無力、空洞，令人惶恐不已，急於想擺脫。即使是陪伴

❹獲得掌控自身相關事務力量的心理狀態。

者，也恐懼面對，害怕承受不起強烈的悲傷。

所以，一些聽似安慰，卻又十足隱藏著自身的不安、無奈、悲傷、失落感的話語，相繼傾出：「別哭了」、「別傷心了」、「別再想了」、「人死不能復生，別難過了」、「節哀順變」……這些話使喪親者疲憊、感到更加壓抑，失去安慰與扶持的意義。

悲傷是不好的、想念死去的親人是阻礙生活的；是社會對於喪親反應的想法，所以喪親者的情緒感受見不得光，想念、懷念成了隱私的個人活動，只能自己獨自承受。

許多人在親人過世後，會經歷一段失眠期，當萬籟俱寂時，懷念與悲傷佔據了整個心頭，與逝者過去的種種；曾做過的事、說過的話，都猶如電影放映，一幕幕的上演，整個夜晚難以入眠。

在人的腦內，儲存著大量的記憶，越是相愛的人、越是親近的人、越是長時間相處的人，我們所擁有的記憶就越多。親人過世之後，龐大的記憶對我們訴說著刻骨銘心的曾經，這是無法遺忘的。若遺忘，似乎就連帶遺忘了我們自己的過去。何況，記憶並非說遺忘就能遺忘。

大部分的人並沒有給喪親的人足夠的時間哀悼，往往社會觀念會認為將葬禮、告別式處理結束，悲傷就該告一段落，喪親的人不應再沉浸於悲傷的氣氛中，快快打起精神，繼續為著人生的道路邁進；勇敢、堅強、努力的活下去。

就因為這些所謂的鼓勵，把喪親的人推到孤獨的角落。他必須學會成為奧斯卡金人，偽裝自己的軟弱、孤單、悲傷、無力，把快樂、理性、堅強展現出來。他們擔心自己的難過成為別人的心理負擔，他們也害怕被人貼上軟弱無能的標籤。

很多喪親者寧可選擇不被人看出悲傷，也不和人吐露悲傷，因為別人無法承接，也無法理解。許多喪親者都沒有體會過一份充滿接納與撫慰的陪伴。

人從小到大的生活，一直都在經歷大大小小的失去。較小的失去像是失去了一個禮物、一個擁抱、一個注意、搬家、轉學等。大的失去則可能失去一隻心愛的寵物、失戀、失婚、與一個摯愛的親人或朋友分離。失去是人生的重要經歷，也是一定會發生的事，有相聚就有分離；有擁有就有失去。如何讓自己有能力去面對失去、如何將失落感受處理好，並且對於自己及他人皆不帶傷害性、攻擊性，是需要學習的。

如果一個陪伴者真實的走過喪慟之路，他便能以更多的包容與理解來陪伴，而不是規勸與說道理。

調適的過程究竟有多長？多久才算是正常？

這是喪親者會自問的問題，也是陪伴者關心的問題。

面對失去的悲傷反應，並無強調需要調適多久才是正常的範圍，每一個人調適悲傷的時間都不同，腳步也不一，有的人需要一兩年，有些人卻需要更長。這其中的變數包括：

逝者與生者的關係

逝者與生者的情感依附關係型態與品質

死亡的形式

人格特質

逝者的年齡

家庭動力的變化

生活壓力

既然無法確定需要調適多久，倒是可以說至少需要一年。一年是重要的經驗，第一年，許多重要節日的體會，會格外明顯及深刻，例如第一個沒有逝者的除夕夜、第一個沒有逝者一起過的生日、父親節、母親節、端午節、中秋節，甚至第一個忌日，皆會令人翻動存在內心的難過、不捨、哀傷。

這些痛苦、陌生的第一次，使得喪親者會需要打電話或找人求助，很大的需要是訴說心情、抒發悲傷、找到安靜與平穩的力量。在陪伴的過程中，傾聽、尊重、允許悲傷及個別差異是陪伴的原則。

即使不是因死亡引起的失喪，一般生活情境中的失落，對個體而言越重要的，關聯越緊密的，當失去時，反應也越強烈。

失落，就像地震，總是會震落震散一些建構好的生活架構，也會出現一連串大大小小的餘震。

所以陪伴者要有耐心，不能視為一個問題的點，以為在問題點上面做出什麼對的處置，就能一勞永逸，終結悲傷。

在失落的修復與療癒過程中，絕對是緩慢而艱辛的，痛苦的情緒經驗是避不開的。如果有人的悲傷看不出來，不願意顯現，便要從關係去檢視，因為關係不對，關係未建立，關係不夠穩定，都會使失落者無法安心釋放悲傷，無法真實經驗自己的情感。

很多人在關心失喪者的態度上是一廂情願，自顧自給的方式，就是，我很想關心你的悲傷，卻不問對方是否需要你的關心。所有的關係都有脈絡，如果你是我的學生，我不一定會將悲傷讓你看見；如果你是我的同事，我也不一定會將悲傷讓你看見；如果你是我的上司，我也不一定將我的悲傷讓你看見。

意思是，失喪者在選擇自己的悲傷陪伴者方面，是需要有安全感與選擇權的。無法真正使他安心的陪伴者，他將表現出公眾版的形象，而不是獨特性的悲傷。這是需要陪伴者特別注意，並給予尊重的。

憂鬱者的陪伴

憂鬱心情是人都會產生的情緒。當憂鬱變成不可收拾，也無法再回復往日的活力與希望感時，憂鬱症的疾病可能已悄悄的發生了。

當憂鬱症發生時，需要連結精神醫療的資源，讓情感性疾患可以得到妥善的治療與照顧。

而對一個陪伴者而言，需要對憂鬱症疾病有所了解，那並不只是一種心情不好的情況而已，而是一種心理失去生存的動力，也不再具有情緒能量去轉化內在的困境與憂傷。所以，重度憂鬱症患者呈現出的是無法有所行動的阻礙感，並有強烈的失去活下去的活力與熱情的現象。

因為缺乏活著的滿意與愉悅等正向感受，對自我會產生許多負面的評價與否定自己的念頭，像是：「我真的很糟糕，什麼事情都失敗。」「我感覺不到自己為什麼要活著的意義，我覺得活著是一種累贅。」或是：「我什麼都不想做了，我想要放棄所有的一切。」

因為長期的壓力與沮喪，使人體分泌過多的正腎上腺素來對抗壓力，而過多的正腎上腺素會抑制人感受情緒，使人的感受力失常，所以，罹患重度憂鬱症的患者無法感知環境，進入了一種自我封閉狀態，無法與人產生連結，對於所有各類型感受都有失去反應的現象，既沒有快樂，也沒有哀傷；既沒有興奮，也沒有難過。情緒常常處在一種「感受不到感受」的狀態，死氣沉沉。

以精神藥物來說，能協助減緩與平衡大腦因壓力激發出的不正常傳導物質，使之有新的穩定平衡。

但以存在觀點來說，憂鬱症患者遇到的是一種生存困境，是一種內在長期衝突下的失衡。也是個體面對必須為自己尋找出一個新的生命出口，獲得新的平衡的生命任務。

憂鬱者因被壓力籠罩，失去具有彈性的調適能力，會發生不斷往死胡同鑽的現象，無法進行心理距離的調整，也較難做心理角度的轉換。一般的情況下，當人遇到衝突或情緒困擾時，我們會調換角度想想這件事，從自己的角度看一次，從他人角度再看一次，有時候近距離看一次，有時候從遠距離再看一次，透過多角度與不同距離的觀看與了解，試著釋懷或轉化一些難以疏通的點，試著去適應與接受衝突的發生，及理解情緒的需要。

但憂鬱者一時間難以做彈性的心理移動，在自己的處境中，動彈不得。陪伴者需要有足夠的耐心，願意花再多一點的時間等待憂鬱者的表達，即便什麼都無法表達，陪伴者的存在，仍讓憂鬱者可以感受到有人相伴的安心，而不是掉進一個無人存在的黑洞中。

在陪伴憂鬱者的過程中，傾聽比說什麼更為重要。傾聽可以讓憂鬱者慢慢感受自我的存在。在傾聽中，也要能傳遞一份尊重與接納，並嘗試傳遞一份正向關係給憂鬱者。

精神分析大師佛洛伊德曾說，在悲傷中不必然包含憂鬱，但在憂鬱的世界裡，必然有悲傷。意即，在憂鬱的世界裡，其實是有失落發生的。這些失落，不只是有形的失落物，也包含無形的失落，像是自我價值的失落、理想自我的失落、自尊的失落、夢想的失落、情感連結的失落、能力感的失落等。所以在陪伴憂鬱者的過程，也是重建憂鬱者世界的過程，將失落的部分，重新建構，重新堆砌與發展。陪伴者不能輕忽過程的艱辛，也要了解，這不是短時間可達成，在漫長的過程中，仍要持續性的給予正向肯定的回應與正向關係的滋養與支持。

憤怒者的陪伴

憤怒是最強大的外爆性情緒能量，常常被比喻成火山爆發。可見憤怒有其殺傷力與破壞性。正因如此，許多人對於憤怒者避之唯恐不及，或是被勾動出更強大的情緒與之抗衡。

憤怒其實對動物而言，是保命的情緒，可以讓動物抗敵。對人類而言，憤怒可以使人防禦威脅，對抗侵犯。

合理的憤怒，一定要存在，個體才能擁有保護自己的力量。

但因為我們的文化長期受儒家思想影響，沒有止乎於禮的行為不被認同，在表面行為上，大家必須以禮相待，也要顧及他人的感受與眼光，像憤怒這樣的情緒很容易破壞表面和諧，也容易產生爭端，漸漸被視為一種不應該、沒有禮貌的行為。

在家庭教育、學校教育中，也總是輕易的將憤怒歸為一種不對、不好的情緒表現，而勸誡學生，或是輕易的判斷對錯。但又十分矛盾的是，往往握有權力者，或處於權威位置者，可以任意的對地位較弱勢者發洩憤怒、表達憤怒。

憤怒於是變成一種權威者或權力者傷害或破壞另一個弱勢者的特權。這使得許多人的生命經驗，當提到憤怒，聯想起的是過去被憤怒傷害的經驗，感到害怕與無助。

如果一個陪伴者沒有回顧他與憤怒之間的關係，與過去經驗，他便容易陷在對憤怒的恐懼與驚嚇中，而無法接觸憤怒者。

而憤怒者內心被威脅的恐懼，與感受到的挫折，也無法被聽見與聽懂。

憤怒在我們的社會是一種詭譎的情緒，往往在表面上非常具有爆發性能量，但內在其實是一種對失去控制感的害怕與擔憂。失去控制感代表著未知的發生，也代表不安全感的發生，失去控制感容易使強烈需要控制感的人經驗到挫折與無助，表面越散發強者訊號的人，越是強勢面對環境的人，對於失去控制會越感到恐懼與無助。

避免經驗到害怕與無助感受的好方法，就是以憤怒自我防衛，以憤怒提升自己內在能量，迴避經驗挫折與無能感。當他以憤怒的展現找回控制感時，會更強化他以此種方式面對未知與恐懼。

而憤怒者的強勢，與想抓回控制感的需要，往往讓面對他的人感受到一種威脅與指責，而覺得委屈或恐懼。如果陪伴者不自覺的也進入那被指責的位置，好像必須要討好與臣服在憤怒者的情緒下，那陪伴者也將無法成為憤怒者的陪伴者，陪伴他經驗自己的憤怒，並探索他憤怒情緒背後的需要，與更深層的情緒感受。

如果陪伴者可以不太快進入被迫害者的位置，能培養出一種能力與穩定感來面對憤怒者，憤怒者便能在陪伴的歷程下，體會到安全的陪伴，經歷一種從高張情緒到和緩情緒的歷程。

如果陪伴者可以先獲得安全感，並且對憤怒情緒有更多的認識與了解，在經驗累積下，便會發現，許多憤怒者的深層內在其實都有著不為人知的脆弱與恐懼，甚至壓抑了許多不願意去經驗的悲傷與難過。

陪伴者在陪伴憤怒者時，必須要能先學會聽見憤怒之聲背後的渴望或需求。憤怒者往往是不允許自己可以脆弱，也不允許自己可以認輸或失敗，這可能是過去成長過程中被迫要成為強者，或是不被允許可以害怕，憤怒常是他們維護尊嚴的方法。陪伴者若可以試著懂憤怒者的憤怒意義，也可以試著了解憤怒者內心表達不出來的話，這可以使憤怒者感受到尊重與理解，不需要為了防衛，再引發更多的憤怒。陪伴者才能有建立關係的機會，才能讓憤怒者慢慢信任陪伴者，舒緩他的憤怒與緊繃。

對孩子的陪伴

能不能陪伴孩子，往往考驗的是我們能不能陪伴自己（在前文「自我陪伴」中有加以討論每個人內在都有一個孩子存在）。

靠近孩子的心的方法很多，只要能讓孩子樂於參與的，能協助孩子表達的，能幫忙孩子澄清疑惑的方法，都值得一試。而這些方法，大人不是自顧自的表達自己想告訴孩子的生命道理或教育規則，很重要的，這些方法，要能幫助我們傾聽孩子的心靈世界，也要能幫助我們敏感洞察他們的想法與感受，如此才有意義。

這些方法包括繪畫、繪本閱讀、說故事、戲劇（角色扮演）、玩偶劇、遊戲，各式各樣兼具創意與可以吸引孩子注意力的方法都可以。

我特別喜歡用繪畫，因為繪畫是最原始的語言，當我們還不會書寫文字時，繪畫是表達自我最好的方法。當孩子還不具有足夠能表達他們心情與感受的文字能力時，他們的畫就等同於他們的話。

一個小孩子其實就是一個情緒的有機體，他們的情緒沒有經過包裝與修飾，許多時候，是由情緒來主導他們的行動與反應。而情緒推動行動的主要目的，是為了滿足他們的需求，或是避開他們所不喜歡的事。

在陪伴孩子的過程，不僅需要與孩子的情緒有連結，讓孩子感覺到情緒被同理，還需要協助孩子的情緒獲得調和，使他們經驗到情緒舒緩，重新獲得平衡的歷程。如此，不僅可以讓孩子學習正向與情緒共處的方式，也可以讓孩子因為經歷到同理，而培養更多同理他人的能力。

例如，孩子跌倒在哭，同理的態度與回應是：「跌倒很痛對不對，你需要我揉一揉嗎？」這樣孩子會獲得同理與安撫，同時能夠對他人的跌倒也有一份同理心。

相反地，如果跌倒後，大人不聞不問，態度冷漠，那麼孩子感受到我怎麼樣都無所謂，不會有人關心，他漸漸的也變得不關心自己的感受，對他人的感受也冷漠以對。

失去情感連結，與失去同理心，是我們社會需要重視的一個問題，這個問題將使孩子的世界越來越殘酷，也越來越喪失與人情感連結的能力。

對老年人的陪伴

老年的時候，我們人的心靈也會退回猶如一個孩子的狀態，需要陪伴，需要關懷，需要肯定價值。

特別是已成年的孩子都各忙各的，而生活的事物也越來越少變化，越來越少計畫，此時的老年人會多出許多生命的時間，每天面對大把大把的時間，卻無處消耗，無處付出心力，會開始呈現出一種憂鬱、無望，或是無活力的反應。

有些老年人會開始回顧生命的過往，究竟是如何走過來的。那些生命的難關與選擇，自己是否選得對，是否做得好。

因為現在的事沒有太多可以肯定自己的地方，會開始不斷的複述過去那些引以為傲的經歷。

老年人其實就跟一個孩子一樣，需要被在乎、被肯定，與被愛。但又不像小孩一樣人生才剛開始，有許多過去的往事需要回顧與重新定義。

就因為如此，有些老年人會回憶起那些一輩子沒有機會表達的悲傷、沒有機會表達的憤怒、沒有機會表達的愛恨情仇，因為人生的能力有限了，生命的體力也有限了，這時的老年人會開展靈性的頓悟，來超越有限，放下情感糾葛，尋找生命的平靜，與實現生命的豁達。

反之，則充滿怨懟，痛苦，不甘願，與反覆拉扯、掙扎，想要獲得最後的控制。

陪伴者在承接老年人生命長時間的故事與心情時，要留意自己的負荷度。當失去負荷度時，很容易形成攻擊或批評，或是想要立即改變老年人想法與行為的念頭。

老年人的生命處在人生的最後階段，又在各方面能力都衰退的情況下，要促成改變並非容易之事，特別是，若是關乎人格特質，就更難改變。因為人格的固定模樣形成已久。若發生情緒的衝突，陪伴者要面對與處理的，其實是自己的情緒耗竭，與無力感、挫折感。

老年人的陪伴，重點並非在人格的改變，而是在老年人生命價值的提升，與關懷的傳遞。陪伴者對其生命狀態能夠回饋正向肯定，並同理老年人對生命的盡力與付出，陪伴著老年人一步一步的統整自己的人生。

伴侶的陪伴

無法陪伴的情況最常在夫妻、伴侶間發生。當各自疲累一天，各自承擔一天的重擔壓力，有些心情感受都需要有人支持，有人陪伴。以為回到兩人關係時，便能獲得舒緩與支持。但在兩人相見時，彼此都滿滿期待對方能聆聽、能了解，卻往往在兩人都無法再承受、再聆聽的情況下，演變成以評價與判斷的方式互動，然後再變成誰也不讓誰，誰也不服輸的脣槍舌戰。

當關係有所挫折時，便會演變成攻擊，或是一種拒絕。

當然，也有人問過我，當兩人都無法照顧對方時，到底要怎麼相互陪伴？

如果兩人都無法承接，無法淨空，無法擱置自己的情緒感受或想法，那麼就先各自向後退，各自找尋其他的照顧者，抒發與整理自己的狀況。當各自都獲得照顧時，也許也就較能回到關係中對話。

又如果，就真的只有彼此可以陪伴，那麼還有一點能量與能力的人，就暫且將自己的部分擱置，先照顧對方的需要，聆聽、了解與回應對方的感受，當對方在陪伴中獲得滿足後，再邀請對方的陪伴與關懷。

常常有人將伴侶之間的陪伴關係比喻成跳雙人舞，需要磨合，需要培養默契，也要掌握住進與退的時機。在共舞的過程，都有互為主體的時刻。沒有誰是唯一重要的，也沒有誰是誰的附屬品。在伴侶關係中，我們都需要對方的陪伴，也需要陪伴對方。

所以，若總是一方要照顧另一方，一方要不斷的為另一方付出，總有一天會失衡，也會因為無法再付出、再陪伴，而使關係破裂。

在伴侶關係中，要特別注意的是，陪伴，不等於控制，不是為了試探對方的心意，再把自己所認為的灌輸在當中，希望對方照著我意思做。

伴侶的陪伴關係，很容易因為關係太近，而拿捏不準適當距離來維護彼此的自主與獨立性，更容易剝奪對方的感受與意願，將自己認為對的、好的，強加於對方身上，而認為是為對方好。

當有強迫性存在，真實的陪伴，就無法在兩人之間發生。

我常常聽見伴侶向我傾吐，不再能夠感受到對方的陪伴，反而感受到壓力與無法放鬆的責任與義務。兩人的心越來越遠，不再向對方表達感受，與敘說心事，也不再分享生活經驗與感受。即使兩人同桌吃飯，四目相望，也無言以對。

長久以來的經驗告訴我，若兩人之間不是建立健康的心理關係，彼此情感無法連結，無法互動，即使身體有所接觸，關係也是若即若離，或是隨時可能破滅。健康的心理關係，必須建立在成熟而獨立的人格，擁有完整的自我，卻不是自我中心，不僅能夠體察自己的感受，也能體會體諒他人的感受。在不損害自己權益的原則下，也不損害他人的權益，能達成互惠，也能相互分享。

陪伴的過程，伴侶之間也需要留意，誤把自己認為好的陪伴方式強加在對方身上；不把自己要的陪伴方式，一股腦的用在對方身上，忽略對方要的陪伴方式可能是另一種方式。

我們都有一種傾向，以為自己要的，就是別人要的。以為自己在乎的，就是別人在乎的。若沒有詢問、了解與澄清，我們可能就理所當然認定如此。

但其實對方需要的陪伴方式不是我們想要的那一種。例如：我們可能以為自己害怕孤獨，總希望有人隨侍在側，就以為伴侶也想要這樣的陪伴方式，但其實，伴侶想要一個人靜靜，只在自己覺得需要時，希望對方陪伴。

或是，當我們需要陪伴時，是需要有人與我們談談感受，讓我們抒發情感，但對另一半而言，也許需要的是靜靜陪伴的方式，而不是一直和他談感受，要他表達情緒。

若伴侶之間失去對彼此的尊重，與自由選擇的權利，伴侶之間，仍是無法有親近而舒適的陪伴關係。

好好的聆聽彼此的需要與想要被陪伴的方式，需要伴侶開放心胸討論及分享。並且需要彼此承諾必定給予尊重，才能使關係趨近兩人的需要與渴望，而不是為誰犧牲，為誰委屈。

結業式
陪伴的實踐（練習作業）

你也可以嘗試進行以下的練習活動，來讓自己慢慢體會兩人關係的內涵與變化，也體會兩人關係中的碰撞與限制。

一個好的陪伴者，是一段修練的歷程，就像在修習上下工夫。若沒有勤於練習，勇於實踐，那麼一切也只是紙上談兵。只是在知識層面上的了解，卻缺少經驗上的體驗與熟悉。

就像我們一直知道宇宙有月球存在，但那僅止於知識層面的知道，實際上，我們對於踏上月球的感覺，與實際停留在月球上的體驗感受，一無所知。

知識與經驗需要相互連結，相互對照，才能讓人深刻的理解與學習新的技術與方法。

一個實質有益的建議：

如果有心學習的人，可以考慮尋找坊間有舉辦助人技巧訓練或課程的助人相關機構，有系統地從初階到進階的學習助人技術。或者，到有開相關課程的大學選修或旁聽課程。

一些固定招募助人志工的單位，例如生命線、張老師基金會、馬偕醫院平安線或是各個關懷專線，都有非常完整的訓練規劃，值得有心人參與。

如果無法順利參加助人單位所舉辦的助人技巧訓練，可以從身邊的某個需要關懷的人開始練習，特別是建立信任的關係、情感的連結與情緒回應。

有些市面上出版的書籍，值得推薦：

《愛我，就不要控制我：共依存自我療癒手冊》，心靈工坊出版。

《你的感覺，我懂！：同理心的力量，創造自我了解與親密關係》，麥田出版。

《病床邊的溫柔》，心靈工坊出版。

《療傷的對話》，商周出版。

你也可以嘗試進行以下的練習活動，來讓自己慢慢體會兩人關係的內涵與變化，也體會兩人關係中的碰撞與限制。

這裡所附錄的作業，適合有心學習陪伴的人練習。請邀請一位願意陪同練習的夥伴，清楚的告知對方自己需要練習，真誠的邀請對方協助，並開放性的回饋與相互討論練習中的所有體會與感覺。如此才能深刻的體會練習過程中的變化，也才能更進一步的調整與摸索。

若有第三位夥伴，第三位夥伴可以擔任觀察者，觀察練習者練習的情形，並給予回饋。

【練習一】　做鏡中人

練習者邀請夥伴作為主體，自己是鏡中人。鏡中人的任務是，一致的反映對方臉部面容的表情，並在複製表情之後，透過對表情的感受，說出對方的情緒。

當兩人面對面，準備好時，主體開始變化情緒表情（像是難受、沮喪、憤怒、驚奇、愉悅等各種情緒），每表現出一種情緒表情時，讓練習者試著反映（複製）表情，並說出這表情的情緒為何。接著讓主體核對所指出的情緒，是否是主體正在表達的情緒。

透過表情的反映，我們練習專注對方面容肌肉的牽動與神情，透過表情的複製，練習者可以體會這種表情所要傳達的內在情緒是什麼，並在回應後，與對方核對。

【練習二】同在一起

兩人面對面坐著，感受兩人呼吸的氣息與狀態。體會兩人的差異之處，例如一個可能是情緒高揚的，另一個可能是情緒平靜；或是一個可能緊張呼吸急促，另一個可能是羞澀不安。這個練習是透過彼此眼神傳遞、口語引導、呼吸調節、肢體調整的過程，將兩人的狀態調整為一致的平穩；有一致的呼吸頻率、一致的情緒狀態、一致的感受，猶如兩人身處在只有兩人共存共在的空間，融合一體的感覺。

試著體會衝突、不一致、對立、防衛的消除。感覺到兩人生命氣息的貼近，與同調同步。調整為同步同調後，可再延續五分鐘至十分鐘，充分體會同在一起的感覺。

【練習三】看見對方所看見的

兩人一組一起無目的地行走，當一人以視覺抓取有所感覺的景象時，他可以喊

「喀嚓」，表示要留下這個景物的記憶。另一個人則要試著以對方的位置、角度與訪問，去了解對方有所感覺的景物是什麼，並試著去體會這景物有意義之處，或讓對方感動之處。試著讓自己在感受上與對方產生共鳴。

反過來也是如此，兩人可以交互成為抓取景象者，互相成為對方的共鳴者。

【練習四】 如影隨形

這是一個有趣的活動。兩人一組，當甲方當主體時，乙方就當甲方的影子，站在甲方的背後。當甲方行動時，乙方在背後必須跟隨甲方的行動，並隨之擺出所有的腳步或姿勢。

各自去體驗兩人「同步」的感覺，也去體驗如影隨形行動時的距離感受與彼此的內在反應。然後，相互分享過程中的覺察與任何的體會，像是緊密感、限制感、一致行動的感受等。

【練習五】 當個好聽眾

這個陪伴的練習，是讓練習者學習當一個好的傾聽者，學習完整的聆聽對方的分享，並做適切的情感回應，及理解性的回應。

練習者必須注意自己是否有想打岔的衝動，或是覺察自己是否在傾聽中，有想接話，或評論的傾向。這些都是必須被覺察，並加以控制的。

當聆聽對方分享自己的「失落或重大」經驗生命故事時，練習者試著在適合的段落回應對方所表達或表現出的情感狀態，就像一面鏡子一樣，試著如實的回應，不增添與刪減。

當要反映對方的情緒狀態時，可以用假設句開始：

「好像你感覺到……」

或是以陪伴者當主詞反映：

「我聽到你的感受是……」

再不然，以假設句做開始：

「聽起來，是不是你會感覺到……」

請務必注意，是回應情緒、情感狀態，不是回應陪伴者自己的想法與認為，也不是回應一些道理或觀念。

例如，若有一個人談及他為自己要不要辭職而困擾，左右為難，感覺到混亂，那麼在情感回應，可以說：

「我聽到你的徬徨，好像你有一種害怕做錯決定的焦慮感。」（情緒的反應）

所以「不是」回應想法或認為：

「我認為你不應該辭職，哪一個工作沒有困難，還是要調適才行。」

也「不是」說道理或觀念：

「做人要務實，不要好高騖遠，現在有工作就該感恩了。」

當練習十分到十五分鐘之後，相互討論困難所在，或是討論陪伴者回應情感給對方的感想、感覺。

當你閱讀完這本書，也試著和夥伴做過練習，你可以將陪伴實踐於你和他人的關係中，當然這過程，不意謂著沒有挫折、沒有疑惑，也不表示一切都能迎刃而解，但也就是這些歷程，幫助你實際、直接的修練了陪伴的課題，也從中摸索出陪伴的意涵與價值。

這本書所提供的骨架，需要你親自增添血肉，使陪伴成為有溫度的互動，有著人味，有著人與人之間的真誠連結，就像我所尊重的一位病人對我說的：「謝謝妳，我感受到妳對我，是真的。」我並沒有改變她的處境，也沒有為她立刻解決什麼實質問題，但我明白她所說的感謝，是因為她體會到我的心，體會到我的真感情，讓她相信在這世界上，有人正真心的陪伴著她。

而我在她的回饋後，體會到這一份陪伴的美好意義，看見人間因為愛而溫暖的燦爛光芒。

但願這份人與人之間的真與美，你也親自感受到、體會到。

Vision系列

編號	書名	作者	定價
V001	向前走吧！	羅文嘉	250
V002	總經理這麼說——要贏趁現在！	邱義城	250
V003	逆風飛舞——一個女人的情傷與成長	湯靜慈	260
V004	失業英雄	楊基寬	250
V005	19歲的總經理	邱維濤	240
V006	連鎖好創業	邱義城	250
V007	打進紐約上流社會的女強人	陳文敏	250
V008	御風而上	嚴長壽	260
V009	台灣之新——三個新世代的模範生	鄭運鵬	220
V010	18個酷博士@史丹佛	劉威麟・李思萱	240
V011	舞動新天地——唐雅君的健身王國	唐雅君	250
V012	兩岸執法先鋒——大膽西進，小心法律	沈恒德・符霜葉	240
V013	愛情登「陸」計畫——兩岸婚姻A-Z	沈恒德・符霜葉	240
V014	最後的江湖道義	洪志鵬	250
V015	老虎學——賴正鎰的強者商道	賴正鎰	280
V016	黑髮退休賺錢祕方	劉憶如	210
V017	不一樣的父親，A＋的孩子	譚德玉	260
V018	超越或失控	陳國華	220
V019	科技老爸，野蠻兒子	洪志鵬	220
V020	開店智慧王	李文龍	240
V021	看見自己的天才	盧蘇偉	250
V022	沒有圍牆的學校	李崇建	230
V023	收刀入鞘	呂代豪	280
V024	創業智慧王	李文龍	250
V025	賞識自己	盧蘇偉	240
V026	美麗新視界	陳芸英	250
V027	向有光的地方行去	蘇盈貴 授權／劉永毅	250
V028	轉身——蘇盈貴的律法柔情	蘇盈貴	230
V029	老鼠起舞，大象當心	洪志鵬	250
V030	別學北極熊	劉威麟	250
V031	明日行銷	吳心怡	250
V032	十一號談話室——沒有孩子「該」聽話	盧蘇偉	260
V033	菩曼仁波切——台灣第一位轉世活佛	林建成	260
V034	小牌K大牌	黃永猛	250
V035	1次開店就成功	李文龍	250
V036	不只要優秀——教養與愛的27堂課	盧蘇偉	260
V037	奔向那斯達克	康橋	240
V038	七千萬的工作	楊基寬	200
V039	滾回火星去！	派崔克・布瓦 & 傑羅姆・赫塞	220
V040	行銷的真謊言與假真相——吳心怡觀點	吳心怡	240
V041	內山阿嬤	劉賢妹	240
V042	背著老闆的深夜MSN對談	洪志鵬	250
V043	Leap！多思特的不凡冒險	喬那森・柯里翰	230
V044	陪你去環島	盧蘇偉	240
V045	主播遇見CEO	蕭裔芬	250
V046	看見孩子的叛逆	盧蘇偉	240
V047	捧著企管書的豬老闆	坎尼斯・塔克 & 凡達娜・歐曼	200

編號	書名	作者	定價
V048	移動的學校——體制外的學習天空	李崇建	280
V049	老店翻新大作戰	好鄰居文教基金會	240
V050	盲鬥士——柯燕姬傳奇	陳芸英	250
V051	看見男人——搞定你的老公與兒子	盧蘇偉	250
V052	一個癌症媽咪給兒子的遺書	夏學曼	250
V053	鮮活人生——小故事，妙管理	李錫津	260
V054	搶先佈局十年後——2017華人未來地圖	劉威麟	250
V055	這就是我的堅持——楊基寬與104傳奇	楊基寬	250
V056	愛會傷人——寫給父母的內心話	盧蘇偉	260
V057	囚室之春	施明德	360
V058	盲眼媽媽一顆心	薛以柔	240
V059	飛行少年	盧蘇偉．莊忠勳	290
V060	道德——幸福的必要條件	林火旺	280
V061	Money Game——金錢遊戲	吳均龐．劉永毅	280
V062	趙老大玩癌症	趙慕嵩	250
V063	所以，我愛上了狗	曹燕婷	210
V064	蔡國南的今生金飾	蔡國南．陳芸英	280
V065	三財一生	管家賢	260
V066	開一家大排長龍的店	李文龍	260
V067	醫師與生死	趙可式	260
V068	Sweet Spot——一夕爆紅網路效應	Mr. 6	250
V069	勇闖職海	琳賽．波拉克	280
V070	重返危機現場——愛是行動	歐晉德 授權／陳芸英	280
V071	帶著傷心前行	王理書	280
V072	上班族硬起來——31個網路上最凸的辦公室心法	Mr.6劉威麟	260
V073	做自己與別人生命中的天使	嚴長壽	280
V074	只要你想你要，你就得到	盧蘇偉	250
V075	於是，我可以說再見	蘇絢慧	280
V076	像我一樣勇敢——被FIRED也是一種祝福	吳美君	300
V077	相信自己，你最棒！	盧蘇偉	260
V078	秒殺創意——Know Why限界突破 困境不敗	李文龍	350
V079	一座山的勇氣	高銘和	330
V080	最後的學分	湯靜慈	250
V081	關鍵1秒	盧蘇偉	260
V082	因愛誕生——一段父親帶我回家的路	蘇絢慧	260
V083	守護4141個心跳	徐超斌醫師	300
V084	柔軟成就不凡——奧林匹克麵包師吳寶春	吳寶春．劉永毅　合著	300
V085	你是光芒——盧蘇偉的15堂愛自己	盧蘇偉	270
V086	寧靜致遠——教育者之師陳伯璋	魏柔宜著 陳伯璋審訂	280
V087	我十歲，離婚	諾珠．阿里&戴樂芬妮．米努依	260
V088	點亮幸福微光	莊靜潔著 陳芸英撰文	300
V089	這是我要的人生嗎？——其實，你可以活得更篤定	盧蘇偉	270
V090	她們，如此精采	國際婦女法學會中華民國分會 策劃	300
V091	這一生，你為何而活？	盧蘇偉	270
V092	陳樹菊——不凡的慷慨	陳樹菊著 劉永毅撰文	300
V093	英雄同路——從零下成就自己	林裕盛	300
V094	我是余湘——CHAIRWOMAN	余湘．張殿文著	320
V095	九歲女孩的勇氣學堂——我的眼淚是快樂的	小馨&小馨媽媽	270
V096	當傷痛來臨——陪伴的修練	蘇絢慧	270

國家圖書館預行編目資料

當傷痛來臨：陪伴的修練／蘇絢慧著, --初版.--臺北市: 寶瓶文化, 2011.04
面； 公分.--(Vision；96)
ISBN 978-986-6249-46-4（平裝）

1.心理創傷　　2.心理復健

178　　100005687

寶瓶 AQUARIUS

Vision 096

當傷痛來臨——陪伴的修練

作者／蘇絢慧

發行人／張寶琴
社長兼總編輯／朱亞君
副總編輯／張純玲
資深編輯／丁慧瑋　編輯／林婕伃
美術主編／林慧雯
校對／禹鐘月・陳佩伶・呂佳真・蘇絢慧
營銷部主任／林歆婕　業務專員／林裕翔　企劃專員／李祉萱
財務主任／歐素琪
出版者／寶瓶文化事業股份有限公司
地址／台北市110信義區基隆路一段180號8樓
電話／(02) 27494988　傳真／(02) 27495072
郵政劃撥／19446403　寶瓶文化事業股份有限公司
印刷廠／世和印製企業有限公司
總經銷／大和書報圖書股份有限公司　電話／(02) 89902588
地址／新北市五股工業區五工五路2號　傳真／(02) 22997900
E-mail／aquarius@udngroup.com

法律顧問／理律法律事務所陳長文律師、蔣大中律師
如有破損或裝訂錯誤，請寄回本公司更換
著作完成日期／二〇一一年三月十八日
初版一刷日期／二〇一一年四月二十日
初版九刷+日期／二〇二一年五月二十七日

ISBN／978-986-6249-46-4
定價／二七〇元

AQUARIUS 寶瓶 文化事業

愛書人卡

感謝您熱心的為我們填寫，
對您的意見，我們會認真的加以參考，
希望寶瓶文化推出的每一本書，都能得到您的肯定與永遠的支持。

系列：Vision096　**書名：當傷痛來臨——陪伴的修練**

1. 姓名：＿＿＿＿＿＿＿＿　性別：□男　□女
2. 生日：＿＿年＿＿月＿＿日
3. 教育程度：□大學以上　□大學　□專科　□高中、高職　□高中職以下
4. 職業：＿＿＿＿＿＿＿
5. 聯絡地址：＿＿＿＿＿＿＿＿＿＿＿＿＿＿＿＿＿＿＿

   聯絡電話：＿＿＿＿＿＿＿＿　手機：＿＿＿＿＿＿＿＿
6. E-mail信箱：＿＿＿＿＿＿＿＿＿＿＿＿＿＿

   □同意　□不同意　免費獲得寶瓶文化叢書訊息
7. 購買日期：＿＿ 年 ＿＿ 月 ＿＿日
8. 您得知本書的管道：□報紙／雜誌　□電視／電台　□親友介紹　□逛書店　□網路　□傳單／海報　□廣告　□其他
9. 您在哪裡買到本書：□書店，店名＿＿＿＿＿　□劃撥　□現場活動　□贈書　□網路購書，網站名稱：＿＿＿＿＿＿　□其他＿＿＿＿＿
10. 對本書的建議：（請填代號　1. 滿意　2. 尚可　3. 再改進，請提供意見）

    內容：＿＿＿＿＿＿＿＿＿＿＿

    封面：＿＿＿＿＿＿＿＿＿＿＿

    編排：＿＿＿＿＿＿＿＿＿＿＿

    其他：＿＿＿＿＿＿＿＿＿＿＿

    綜合意見：＿＿＿＿＿＿＿＿＿＿＿＿＿＿＿＿＿＿＿＿＿
11. 希望我們未來出版哪一類的書籍：＿＿＿＿＿＿＿＿＿＿＿＿＿＿

讓文字與書寫的聲音大鳴大放

寶瓶文化事業股份有限公司

（請沿此虛線剪下）

廣 告 回 函
北區郵政管理局登記
證北台字15345號
免貼郵票

寶瓶文化事業股份有限公司　收

110台北市信義區基隆路一段180號8樓

8F,180 KEELUNG RD.,SEC.1,

TAIPEI.(110)TAIWAN R.O.C.

（請沿虛線對折後寄回，謝謝）